초등학생을 위한
# 표준 한국어
## 익힘책

저학년
의사소통 **4**

# 초등학생을 위한
# 표준 한국어
# 익힘책

  국립국어원 기획 | 이병규 외 집필

저학년

의사소통 **4**

마리북스

# 발간사

    국립국어원에서는 교육부 2012년 '한국어 교육과정' 고시에 따라 교육과정을 반영한 학교급별 교재 개발을 진행하였습니다. 이어서 2017년 9월에 '한국어 교육과정'이 개정·고시(교육부 고시 제2017-131호)됨에 따라 2017년에 한국어(KSL) 교재 개발 기초 연구를 수행하였고, 연구 결과를 바탕으로 초등학교 교재 11권, 중고등학교 교재 6권을 개발하여 2019년 2월에 출판하였습니다.

    교재에 더하여 학교 현장에서 다문화가정 학생들의 한국어 의사소통 능력 및 학습 능력 함양에 보탬이 되고자 익힘책을 개발하게 되었습니다. 교재와의 연계성을 높인 내용으로 구성하여 말 그대로 익힘책을 통해 한국어를 더 잘 익힐 수 있도록 노력하였습니다. 더불어 익힘책의 내용을 추가 반영한 지도서를 함께 출판하여 현장에서 애쓰시는 일선 학교 담당자들과 선생님들에게도 교재 사용의 길라잡이를 제공하고자 하였습니다.

    '다문화'라는 말이 더 이상 낯설지 않은 한국 사회에서 다문화가정 학생들이 한국 사회 구성원으로서의 정체성 함양에 밑거름이 되는 한국어 능력을 기르는 데《초등학생을 위한 표준 한국어》가 도움이 되기를 바랍니다. 국립국어원에서는 이제껏 그래왔듯이 교재 개발 결과가 현장에서 보다 잘 활용될 수 있도록 돕기 위하여 교재 개발은 물론 교원 연수 등을 통해 지속적으로 다문화가정 학생들의 한국어 능력 향상을 위해 노력하겠습니다.

    끝으로 3년간《초등학생을 위한 표준 한국어》교재와 익힘책, 지도서 개발과 발간을 위해 애써 주신 교재 개발진과 출판사에 깊은 감사의 말씀을 드립니다.

2020년 1월
국립국어원장 소강춘

# 머리말

새로 발행되는《초등학생을 위한 표준 한국어 익힘책》은 2019년에 개정되어 출판된《초등학생을 위한 표준 한국어》와 함께 사용하는 보조 교재입니다. 본교재로서《초등학생을 위한 표준 한국어》는 고학년과 저학년의 학령과 숙달도에 맞게 각 4권, 총 8권으로 출판된 〈의사소통 한국어〉 교재와 세 학년군, 세 권 책으로 분권 출판된 〈학습 도구 한국어〉 교재를 통해 초등학생들의 한국어(KSL) 학습의 바탕이 되고 있습니다. 익힘책 교재는 이들 교재와 긴밀하게 연계된 단원 구성을 가지고 있으며, 본교재의 한국어(KSL) 학습 내용을 다시 떠올리고 관련된 연습 활동을 충분히 수행할 수 있도록 구성되었습니다.

〈초등학생을 위한 표준 한국어 의사소통 익힘책〉은 〈의사소통 한국어〉 교재와 연계되어 있으며 일상생활과 학교생활의 다양한 장면 속에서 어휘와 문법을 연습할 수 있도록 편찬되었습니다. 무엇보다도 〈의사소통 한국어〉 본단원에서 학습한 목표 어휘와 문법을 다양한 상황에 따라 사용할 수 있고 말하고, 듣고, 읽고 쓰는 주요한 언어 기능의 통합적 사용을 되새기며 연습할 수 있도록 하는 활동이 주요하게 제시되었습니다. 〈학습 도구 한국어〉 교재와 연계된 〈초등학생을 위한 표준 한국어 학습 도구 익힘책〉은 교실 수업과 교과 학습 상황에 필요한 주요한 어휘와 학습 개념을 복습하고 활용하는 내용들로 채워져 있습니다. 본단원에서 제시된 학습 도구 어휘, 교과 연계적 개념과 기능들을 특히 읽기와 쓰기의 문식성 활동들을 통해 되새기고 연습할 수 있도록 합니다.

2019년에 개정 출판되었던《초등학생을 위한 표준 한국어》교재와 마찬가지로, 새로 출판되는 《초등학생을 위한 표준 한국어 익힘책》역시 초등학생 학습자와 초등 교육 현장의 특성을 충분히 이해하고 반영하려는 여러 노력들을 바탕으로 한 것입니다. 익힘책 편찬에서는 교실에서의 학습 조건이나 교재를 활용하는 다양한 환경이 많이 고려되었습니다. 학습자와 교사 모두가 본교재에 접근하는 데에 실질적인 도움을 얻고 어려움을 덜 수 있도록 익힘책이 보조하도록 하였습니다.

《초등학생을 위한 표준 한국어 익힘책》편찬을 위해 많은 관심과 지원을 아끼지 않은 국립국어원 소강춘 원장님을 비롯한 관계자 여러분께 감사드립니다. 본교재와 더불어 익힘책 교재로 이어졌던 고된 집필을 마무리하기까지, 노력과 진심을 다해 주신 연구 집필진 선생님들께, 그리고 마리북스 정은영 대표를 비롯한 출판에 도움을 주신 많은 분들께도 감사의 마음을 전합니다.

2020년 1월
연구 책임자 이병규

**일러두기**

《표준 한국어 익힘책 4》는 모두 4차시로 구성되어 있으며, 《표준 한국어 4》의 필수 차시와 연계하여 학습합니다. 《익힘책 4》는 읽기, 쓰기 위주로 학습자의 자기 주도 학습이 가능하도록 하였고, 목표 어휘와 목표 문법을 반복 연습할 수 있도록 구성하였습니다. 《익힘책 4》를 시작하기 전에 '알고 있나요?' 활동을 통해 이 책을 배울 준비가 되었는지를 확인할 수 있습니다. '잘 배웠나요?'는 이 책을 잘 배웠는지 종합 정리하는 활동입니다.

**단원 번호와 단원명**

단원의 주제를 제목으로 제시하였습니다.

**차시 번호와 차시 제목**

해당 차시의 주제를 제목으로 제시하였습니다.

**목표 어휘 연습**

학습 대상 어휘를 다양한 활동을 통하여 연습합니다.

**목표 어휘 연습 확장**

학습한 어휘를 활용하여 구나 문장 만들기 연습을 합니다.

## 5 알기 쉽게 설명해 준 덕분에 이해했어

### ① 처음 만난 친구

1. 기분을 나타내는 말을 만들어 써 봅시다.

불 안 하 다

부 쑥
창 스 다
피 당 럽 황
하 끄 스
불 안

2. 〈보기〉와 같이 써 봅시다.

   〈보기〉 처음 우리 학교에 전학 왔을 때는 좀 불안했어요.

   ① 친구들이 내 이름을 이상하게 발음해서 _____.

   ② 많은 친구들 앞에서 발표할 때 _____.

   ③ 나만 준비물을 안 가져왔을 때 _____.

   ④ 친구들이 내가 한국말을 잘한다고 칭찬해 주면 _____.

66 • 의사소통 한국어 익힘책 4

표현

✏️ 쑥스럽다, 부끄럽다, 불안하다, 창피하다, 당황스럽다
💬 -을까 봐

● 〈의사소통 한국어 4〉 90~91쪽

3. 〈보기〉와 같이 두 문장을 연결하고 써 봅시다.

〈보기〉
**한국어 발음을 틀리다 + 불안하다**
➡️ 한국어 발음을 틀릴까 봐 불안했어요.

① 집에 갈 때 길을 잃다 + 걱정되다

➡️ _____

② 내가 실수하는 것을 친구들이 보다 + 창피하다

➡️ _____

③ 높은 곳에 올라가면 떨어지다 + 무섭다

➡️ _____

④ 친구가 나를 기억 못하다 + 인사하기가 쑥스럽다

➡️ _____

4. 틀린 것을 고쳐 써 봅시다.

제가 처음에 우리 학교에 전학 왔을
때는 한국어를 잘 못했어요. 그래서
친구들하고 잘 어울리지 않았어요.
한국어 발음을 틀리까 봐 부끄러웠거
든요. 그런데 지금은 한국말도 잘하게
됐고, 친구들하고도 잘 지내요.

➡️

5. 알기 쉽게 설명해 준 덕분에 이해했어 • 67

## I. 다음 글을 읽고 답을 써 봅시다. [1-5]

> 1월 1일          날씨:
>
> 제목: 새해 계획
>
> 오늘은 1월 1일, 새해의 첫날이다. 나는 첫날에 새로운 계획을 세웠다. 나는 지금보다 더 건강해지고 싶기 때문에 운동을 열심히 할 것이다. 날씨가 좋을 때도 흐릴 때도 날마다 줄넘기를 할 계획이다. 그리고 한국어 실력이 부족하기 때문에 하루에 한 시간씩 한국어 공부를 할 것이다. 이렇게 1년 동안 열심히 하면 몸도 건강해지고 한국말 실력도 좋아질 것이다.

**1.** 언제 쓴 일기예요? _____

**2.** 날씨가 어때요? (     )

① 추워요.          ② 맑아요.          ③ 흐려요.          ④ 비가 와요.

**3.** 날마다 무엇을 할 거예요? 두 가지를 찾으세요. (     ,     )

① 줄넘기하기     ② 우유 마시기     ③ 계획 세우기     ④ 한국어 공부하기

**4.** 어떤 새해 계획을 세웠어요?

① 나는 _____ 기 때문에 운동을 열심히 할 거예요.

② 한국말 실력이 부족하기 때문에 _____.

**5.** 여러분의 어제 일기를 써 보세요.

월    일        날씨:

제목:

---------------------------------------------------

---------------------------------------------------

---------------------------------------------------

## Ⅱ. 선생님과 같이 이야기해 봅시다. [6-13]

**6.** 몸을 다친 적이 있어요? 어떻게 하다가 다쳤어요? 아플 때 어떻게 했어요?

**7.** 취미가 뭐예요? 시간이 있을 때 뭘 해요? 누구하고 같이해요? 얼마나 자주 해요?

**8.** 가족 여행을 간 적이 있어요? 언제, 어디로 갔어요? 가서 무엇을 했어요?

**9.** 오늘 숙제가 뭐예요? 친구들과 함께 숙제를 한 적이 있어요? 무슨 숙제를 했어요?

**10.** 학교에 어떤 규칙이 있어요? 교실에서 뭘 하면 안 돼요? 급식실에서 어떻게 해야 해요? 급식실에서 뭘 하면 안 돼요?

**11.** 오늘 학교에 올 때 선생님께서/부모님께서 뭐라고 하셨어요? 그래서 여러분은 어떻게 대답했어요?

**12.** 휴대 전화를 사용해 본 적이 있어요? 휴대 전화로 무엇을 가장 많이 해요? 휴대 전화를 사용할 때 어떤 점을 조심해야 해요?

**13.** 여러분의 장래 희망은 뭐예요? 뭐가 되고 싶어요? 언제부터 그런 생각을 했어요? 왜 그것이 되고 싶어요?

# ✱ '알고 있나요?' 점검하기

질문에 잘 대답했는지 선생님과 확인해 봅시다.

| 문항 | 평가 기준 | 매우<br>잘함 | 잘함 | 보통 |
|---|---|---|---|---|
| 1 | 글을 읽고 질문에 정확하게 대답할 수 있어요. | | | |
| 2 | 글을 읽고 질문에 정확하게 대답할 수 있어요. | | | |
| 3 | 글을 읽고 질문에 정확하게 대답할 수 있어요. | | | |
| 4 | 글을 읽고 질문에 정확하게 대답할 수 있어요. | | | |
| 5 | 1) 어제 한 일을 쓸 수 있어요.<br>2) 일기 형식에 맞추어 날짜와 날씨, 제목을 쓸 수 있어요. | | | |
| 6 | 1) 다친 경험, 원인, 대처 방법에 대해서 3~4문장 이상 말할 수 있어요.<br>2) '넘어지다, 다치다, 데다, 베이다' 등의 어휘와 '-다가'를 연결하여 자연스럽게 말할 수 있어요. | | | |
| 7 | 1) 자신의 취미, 여가 시간에 주로 하는 일에 대해 3~4문장 이상 말할 수 있어요.<br>2) '매일, 일주일에 2번 정도'와 같이 빈도를 포함하여 말할 수 있어요. | | | |
| 8 | 1) 가족 여행 경험, 장소 및 시간, 가서 한 일 등에 대해 3~4문장 이상 말할 수 있어요.<br>2) '-은 적이 있다'를 자연스럽게 사용할 수 있어요. | | | |
| 9 | 1) 개인 숙제와 친구들과 하는 모둠 숙제에 대해 3~4문장 이상 말할 수 있어요.<br>2) 숙제가 기억나지 않으면 오늘 알림장 내용을 가지고 숙제와 준비물에 대해 말해도 돼요. | | | |
| 10 | 1) 학교, 교실, 급식실, 운동장에서 지켜야 하는 규칙에 대해 3~4문장 이상 말할 수 있어요.<br>2) 규칙에 대해 말할 때 '-으면 되다'와 '-으면 안 되다'를 자연스럽게 사용할 수 있어요. | | | |

| | | | | |
|---|---|---|---|---|
| 11 | 1) 선생님, 부모님께서 하는 말씀을 '-는다고 하다'와 '-으라고 하다', '-자고 하다', '-냐고 하다', '-어 달라고 하다' 등을 사용해서 적절하게 표현할 수 있어요.<br>2) 선생님의 질문에 간접 화법으로 대답할 수 있어요.<br>**예** 선생님: 어머니께서 말씀하셨어요. "빨리 숙제를 하세요."<br>학생: 어머니께서 빨리 숙제를 하라고 말씀하셨어요. | | | |
| 12 | 1) 휴대 전화를 사용한 경험과 조심해야 하는 점을 3~4문장 이상 말할 수 있어요.<br>2) 휴내 선화가 없는 경우에 휴대 전화가 생기면 무엇을 하고 싶은지 이야기할 수 있어요. | | | |
| 13 | 1) 장래 희망과 그것이 되고 싶은 이유를 말할 수 있어요.<br>2) 장래 희망을 말할 때 '-고 싶다'나 '-었으면 좋겠다'와 같은 표현을 사용할 수 있어요. | | | |

## 차례

# 1 우산을 가지고 다니도록 해요

## 1 날씨에 따른 모습

**1.** 그림이 가리키는 낱말을 찾아 색칠해 봅시다.

〈보기〉

| 구 | 름 | 병 | 술 | 현 |
|---|---|---|---|---|
| 숙 | 먹 | 솜 | 태 | 풍 |
| 소 | 비 | 국 | 어 | 무 |
| 나 | 바 | 장 | 마 | 지 |
| 기 | 람 | 김 | 밥 | 개 |

**2.** 알맞은 말을 골라 써 봅시다.

태풍이 오다    장마가 지다    눈이 내리다    구름이 끼다    소나기가 내리다

① _____

② _____

③ _____

④ _____

⑤ _____

태풍, 소나기, 끼다, 장마가 지다,
무지개, 뜨다, 덮이다, 비바람, 넘치다

● 〈의사소통 한국어 4〉 18~19쪽

## 3. 어울리는 것을 연결하고 빈칸에 알맞은 말을 찾아 써 봅시다.

넘치다　　흐리다　　비바람이　　덮이다　　무지개가

① 하늘이 _____

② 길이 눈으로 _____

③ _____ 불다

④ _____ 뜨다

⑤ 강물이 _____

## 4. 〈보기〉와 같이 써 봅시다.

눈이 내렸어요.
그래서 길이 눈으로 덮였어요.

①

_____

하늘이 흐렸어요.

②

_____ 그래서

_____

③

_____

_____

④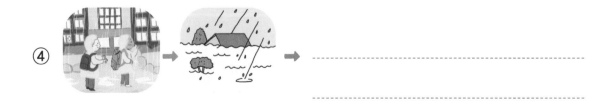

_____

_____

**5.** 그림을 보고 〈보기〉와 같이 써 봅시다.

<보기>

오늘은 아침부터 하늘에서 소나기가 내렸어요. 하늘이 흐려서 기분이 좋지 않았어요. 그런데 비가 그치고 무지개가 떴어요.

1) 빈칸에 알맞은 말을 써 보세요.

이번 주부터 ☐☐ 이 온다고 해요. 태풍이 오면 ☐☐☐ 이 세게 불 거예요. 우산이나 모자가 날아가지 않도록 꼭 붙잡고 있어야 해요.

2) 그림을 보고 써 보세요.

----------------------------------------

----------------------------------------

----------------------------------------

----------------------------------------

# ② 계절에 따른 날씨와 생활

## 1. 알맞은 말을 골라 써 봅시다.

건조하다    무덥다    졸리다    감기에 잘 걸리다

- 포근하다
- ----------------------------
- 쌀쌀하다
- ----------------------------

- ----------------------------
- 지치다
- ----------------------------
- 산불이 잘 나다

## 2. 계절에 따른 날씨의 특징을 써 봅시다.

1) 빈칸에 알맞은 말을 쓰세요.

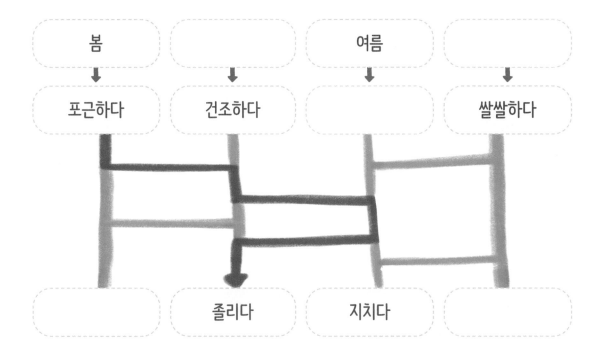

| 봄 | | 여름 | |
|---|---|---|---|
| 포근하다 | 건조하다 | | 쌀쌀하다 |

| | 졸리다 | 지치다 | |

2) 1)의 내용을 보면서 〈보기〉와 같이 쓰세요.

〈보기〉    봄 날씨는 포근해요. 포근할수록 졸리게 돼요.

① _____

② _____

③ _____

## 3. 〈보기〉와 같이 계절에 따른 날씨를 소개하는 글을 써 봅시다.

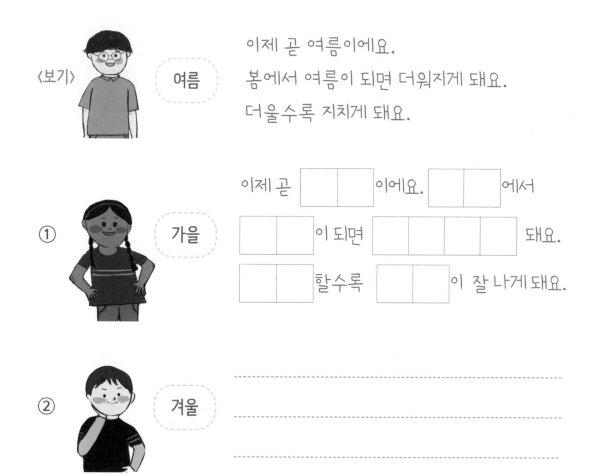

〈보기〉    여름

이제 곧 여름이에요.
봄에서 여름이 되면 더워지게 돼요.
더울수록 지치게 돼요.

① 가을

이제 곧 [    ] 이에요. [    ] 에서

[    ] 이 되면 [    ] 돼요.

[    ] 할수록 [    ] 이 잘 나게 돼요.

② 겨울

_____

_____

_____

미세 먼지와 건강한 생활

1. 그림이 나타내는 알맞은 낱말을 완성해 봅시다.

① ㅊ ㅁ ㅇ 닫다

② 깨끗하게 ㅆ ㄷ

③ ㅁ ㅅ ㅋ ㄹ 쓰다

④ ㅅ ㄴ ㅇ ㅅ ㅈ ㄴ ㄷ

2. 빈칸에 알맞은 낱말을 넣고 그림과 연결 지어 봅시다.

① 깨끗하게 씻어요

② 창문을 _____

③ _____ 써요

④ _____ 지내요

## 3. 〈보기〉와 같이 써 봅시다.

〈보기〉 외출 후 집으로 돌아오면 <u>깨끗하게 씻도록</u> 해요.
(깨끗하게 씻다)

① 가능하면 _____ 해요.
(실내에서 지내다)

② 집이나 교실의 _____ 해요.
(창문을 닫다)

③ 바깥으로 나갈 때에는 반드시 _____ 해요.
(마스크를 쓰다)

## 4. 〈보기〉와 같이 써 봅시다.

〈보기〉

여름에는 갑자기 소나기가 내릴 수 있어요. 비를 맞으면 감기에 걸리게 돼요. 그래서 여름에는 우산을 가지고 다니도록 해요.

가을에는 _____

_____

그래서 _____

_____

# ④ 여러 나라의 날씨와 특징

## 1. 알맞은 날씨의 특징을 골라 써 봅시다.

사막이 많다        일 년 내내 무덥고 습하다        일 년 내내 춥다

겨울이 길고 여름이 짧다        비가 조금만 내린다

① _____

② 밀림이 많다 _____

③ 나무가 자랄 수 없다 _____

④ _____

## 2. 빈칸에 알맞은 말을 써 봅시다.

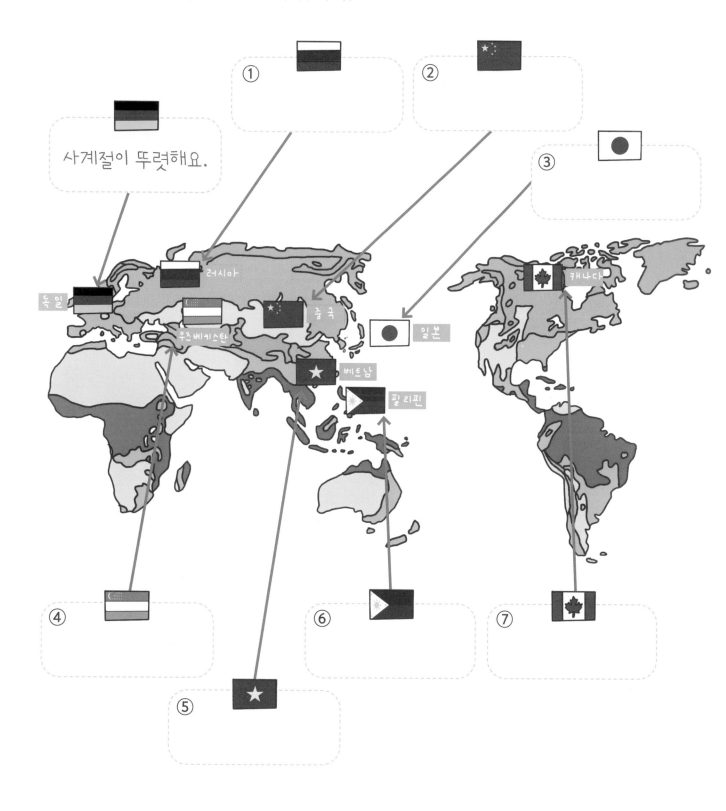

# 글씨 연습

● 글씨를 바르게 써 봅시다.

| 장 | 마 | 가 | | 지 | 다 |
|---|---|---|---|---|---|
| 장 | 마 | 가 | | 지 | 다 |
| | | | | | |

| 무 | 지 | 개 | 가 | | 뜨 | 다 |
|---|---|---|---|---|---|---|
| 무 | 지 | 개 | 가 | | 뜨 | 다 |
| | | | | | | |

| 포 | 근 | 하 | 다 | 산 | 불 | 이 | | 나 | 다 |
|---|---|---|---|---|---|---|---|---|---|
| 포 | 근 | 하 | 다 | 산 | 불 | 이 | | 나 | 다 |
| | | | | | | | | | |

| 사 | 계 | 절 | 이 | | 뚜 | 렷 | 하 | 다 |
|---|---|---|---|---|---|---|---|---|
| 사 | 계 | 절 | 이 | | 뚜 | 렷 | 하 | 다 |
| | | | | | | | | |

태풍은　여러　가지
일을　해요.　태풍이
하는　일은　첫째,　지
구의　뜨거운　열이
골고루　퍼지도록　도
와요.

# 2 열심히 달렸더니 다리가 아파요

## ① 친구와 함께 하는 운동

1. 빈칸에 알맞은 낱말을 찾아 쓰고 연결해 봅시다.

도망가다      던지다      돌리다      넘다      차다

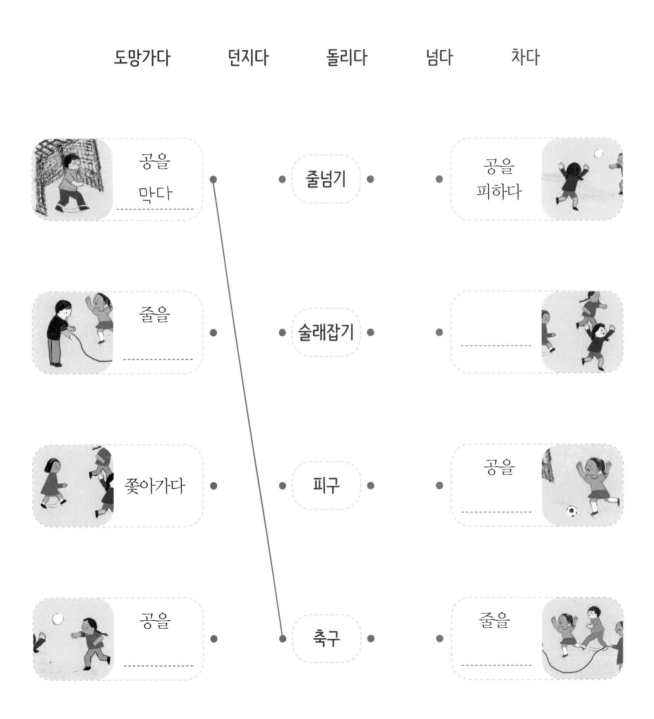

공을 막다 ── 줄넘기 ── 공을 피하다

줄을 _____ — 술래잡기 — _____

쫓아가다 — 피구 — 공을 _____

공을 _____ — 축구 — 줄을 _____

막다, 차다, 돌리다, 넘다, 도망가다, 쫓아가다, 던지다,
피하다, 줄넘기, 술래잡기, 피구    -을 테니까

●〈의사소통 한국어 4〉36~37쪽

## 2. 〈보기〉와 같이 써 봅시다.

〈보기〉

이 운동의 이름은 <u>축구예요.</u>
친구가 <u>공을 발로 차면</u> 나는 <u>손으로 막아야 해요.</u>

①

이 운동의 이름은 _____.
친구가 줄을 _____ 나는 줄을
넘어야 해요.

②

_____

_____

_____

③

_____

_____

_____

# 3. 〈보기〉와 같이 써 봅시다.

〈보기〉　내가 줄을 돌릴 테니까 <u>너는 줄을 넘을래?</u>

① 　내가 공을 던질 테니까

　　　_____?

② 　_____

　　　_____?

③ 　_____

　　　_____?

④ 　_____

　　　_____?

**4.** 〈보기〉와 같이 한 문장으로 써 봅시다.

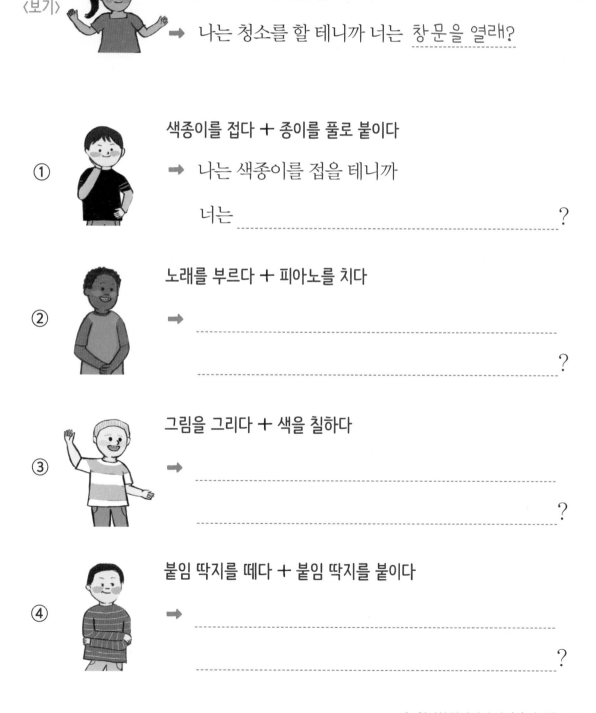

〈보기〉 청소를 하다 **+** 창문을 열다

➡ 나는 청소를 할 테니까 너는 <u>창문을 열래?</u>

① 색종이를 접다 **+** 종이를 풀로 붙이다

➡ 나는 색종이를 접을 테니까

너는 _____?

② 노래를 부르다 **+** 피아노를 치다

➡ _____

_____?

③ 그림을 그리다 **+** 색을 칠하다

➡ _____

_____?

④ 붙임 딱지를 떼다 **+** 붙임 딱지를 붙이다

➡ _____

_____?

## ② 운동회에서 겪은 일

**1. 운동회에서 무엇을 했는지 써 봅시다.**

1) 찾아서 쓰세요.

| 응원하기 | 콩 주머니 던지기 | 큰 공 굴리기 |
|---|---|---|
| 운동회 | 이어달리기 | 이인삼각 |

운동회, 굴리다, 이인삼각, 어깨동무, 응원하다, 콩 주머니,
이어달리기, 목이 쉬다, 아프다　〔ㄹ〕 -었더니　　

2) 그림을 보고 글자를 완성해 보세요.

① 　　| ㅋ | ㅈ | ㅁ | ㄴ | 를 던지다

② 　　| ㄱ | ㅅ | ㅈ | 까지 | ㄷ | ㄹ | ㄷ |

③ 　　큰 소리로 | ㅇ | ㅇ | ㅎ | ㄷ |

④ 　　| ㅇ | ㄲ | ㄷ | ㅁ | 를 하고 | ㄸ | ㄷ |

⑤ 　　뛰면서 | ㄱ | ㅇ | ㄱ | ㄹ | ㄷ |

## 2. 〈보기〉와 같이 써 봅시다.

〈보기〉  ➡ 뛰면서 공을 ___열심히 굴렸더니___ 팔이 아팠어요.
(열심히 굴리다)

①  ➡ 친구와 _____ 어깨가 아팠어요.
(어깨동무를 하고 뛰다)

② ➡ _____ 목이 쉬었어요.
(큰 소리로 응원하다)

③ ➡ 결승점까지 _____ 다리가 아팠어요.
(열심히 달리다)

④ ➡ 콩 주머니를 _____ 손목이 아팠어요.
(계속 던지다)

**3.** 〈보기〉와 같이 써 봅시다.

〈보기〉

밥을 많이 먹다 **+** 배탈이 나다

➡ 밥을 많이 먹었더니 배탈이 났어요.

① 아기에게 자장가를 불러 주다 **+** 아기가 금방 잠이 들다

➡ 아기에게 자장가를 ⎯⎯⎯⎯⎯⎯⎯⎯⎯⎯⎯⎯⎯⎯⎯

금방 잠이 들었어요.

② 청소를 열심히 하다 **+** 교실이 깨끗해지다

➡ ⎯⎯⎯⎯⎯⎯⎯⎯⎯⎯⎯⎯⎯⎯⎯⎯⎯⎯⎯⎯⎯⎯ .

③ 달리기를 하다 **+** 몸이 튼튼해지다

➡ ⎯⎯⎯⎯⎯⎯⎯⎯⎯⎯⎯⎯⎯⎯⎯⎯⎯⎯⎯⎯⎯⎯ .

④ 말하기 연습을 하다 **+** 한국어 실력이 늘다

➡ ⎯⎯⎯⎯⎯⎯⎯⎯⎯⎯⎯⎯⎯⎯⎯⎯⎯⎯⎯⎯⎯⎯ .

# ③ 운동 약속

## 1. 알맞은 말을 찾아 연결해 봅시다.

배드민턴 대신에
수영은 어때?

그럼 이번에는
배드민턴을 치자.
대신에 다음 주에는
수영을 하자.

이번 토요일에
같이 운동할래?

운동장에서
배드민턴 어때?

## 2. 〈보기〉와 같이 친구들의 대화를 써 봅시다.

〈보기〉

요우타: 학교 끝나고 운동장에서 배드민턴 칠래?

하미: 배드민턴 대신에 음악 줄넘기는 어때?

요우타: 좋아. 그럼 체육관에서 보자.

① 리암:

자르갈:

리암:

② 하미:

지민:

하미:

## 3. 친구들의 생각을 쪽지로 써 봅시다.

① 안녕. 이번 일요일 오전 10시부터 배드민턴을 치려고 해. 나랑 같이 운동장에 모여서 운동할 사람?

●⋯⋯⋯⋯⋯⋯⋯⋯⋯⋯⋯⋯⋯

● 시간: ⋯⋯⋯⋯⋯⋯⋯⋯⋯⋯

● 장소: ⋯⋯⋯⋯⋯⋯⋯⋯⋯⋯

촘푸

② 얘들아, 같이 자전거 타지 않을래? 오후 3시에 공원 입구에서 모이자. 리암이랑 지민이도 온대.

●⋯⋯⋯⋯⋯⋯⋯⋯⋯⋯⋯⋯⋯

● 시간: ⋯⋯⋯⋯⋯⋯⋯⋯⋯⋯

● 장소: ⋯⋯⋯⋯⋯⋯⋯⋯⋯⋯

# 가족과 함께 간 등산

## 1. 그림이 가리키는 알맞은 말을 연결해 봅시다.

등산로를 걷다

배낭을 메다

경치를 보다

## 2. 글을 읽고 이야기의 순서대로 번호를 써 봅시다.

1 우리 가족은 문수산 입구에 도착해서 준비 운동을 했다.

2 나는 동생의 배낭을 대신 메고 산에서 내려왔다. 엄마가 기특하다며 칭찬해 주셨다.

3 문수산 전망대에 도착해서 경치를 봤다. 다리가 보였다.

4 쉼터를 지나 드디어 문수사에 왔다. 그런데 동생이 발바닥이 아프다고 했다.

5 오늘은 가족 등산을 가는 날이다. 나는 부모님을 도와 등산 준비를 했다.

→ → 3 → →

**3.** 빈센트의 일기를 다시 읽고 빈칸에 알맞은 말을 써 봅시다.

① 전망대에 도착해서 경치를 보다 ╋ _____

➡ 전망대에 도착해서 경치를 봤더니 저 멀리 다리가 보였다.

② 오랫동안 등산로를 걷다 ╋ 다리가 아팠다

➡ _____ .

③ _____ ╋ 나도 모르게 잠이 왔다

➡ 등산을 마치고 차에 올라탔더니 나도 모르게 잠이 왔다.

**4.** 〈보기〉와 같이 써 봅시다.

〈보기〉   매일 아침 운동을 하다 ╋ 건강해지다

➡ 매일 아침 운동을 했더니 건강해졌어요.

① 늦잠을 자다 ╋ 지각을 하다

➡ 늦잠을 _____ .

② 친구를 돕다 ╋ 친구가 고맙다고 하다

➡ _____ .

③ 밥을 굶다 ╋ 배가 몹시 고프다

➡ _____ .

④ 한국어 연습을 많이 하다 ╋ 실력이 늘다

➡ _____ .

# 글씨 연습

● 글씨를 바르게 써 봅시다.

| 어 | 깨 | 동 | 무 |
|---|---|---|---|
| 어 | 깨 | 동 | 무 |
|   |   |   |   |

| 음 | 악 |   | 줄 | 넘 | 기 |
|---|---|---|---|---|---|
| 음 | 악 |   | 줄 | 넘 | 기 |
|   |   |   |   |   |   |

| 쫓 | 아 | 가 | 다 |
|---|---|---|---|
| 쫓 | 아 | 가 | 다 |
|   |   |   |   |

| 콩 |   | 주 | 머 | 니 |
|---|---|---|---|---|
| 콩 |   | 주 | 머 | 니 |
|   |   |   |   |   |

|   | 내 | 가 |   | 뒤 | 에 | 서 |   | 잡 | 아 |
|---|---|---|---|---|---|---|---|---|---|
| 줄 |   | 테 | 니 | 까 |   | 다 | 시 |   | 타 |
|   |   |   |   |   |   |   |   |   |   |
| 볼 | 래 | ? |   |   |   |   |   |   |   |
|   |   |   |   |   |   |   |   |   |   |

전망대서 경치를 봄.

전망대서 경치를 봄.

오늘은 가족 등산

을 했다. 나는 일찍

일어나서 씻고 거실

로 나갔다. 부모님은

벌써 준비를 마치셨

다.

# 3 한복이 참 예쁘더라

1. 알맞은 낱말을 찾아 써 봅시다.

연날리기    차례    한복    그네    널뛰기    윷놀이

| 떡 | 국 |
|---|---|

설날, 그네, 한복, 널뛰기, 연날리기, 윷놀이, 떡국, 차례, 입다, 지내다

-더라

● 〈의사소통 한국어 4〉 54~55쪽

**2.** 설날의 모습을 나타내는 낱말을 찾아 색칠해 봅시다.

| 원 | 리 | 척 | 각 | 차 | 세 |
|---|---|---|---|---|---|
| 윷 | 놀 | 이 | 찬 | 례 | 연 |
| 척 | 널 | 그 | 네 | 수 | 날 |
| 현 | 뛰 | 놀 | 이 | 발 | 리 |
| 도 | 기 | 떡 | 국 | 상 | 기 |
| 한 | 복 | 규 | 날 | 리 | 기 |

# 3. ⟨보기⟩와 같이 써 봅시다.

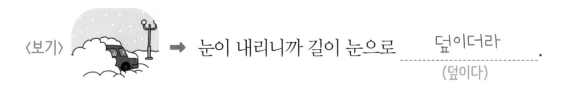

⟨보기⟩ → 눈이 내리니까 길이 눈으로 <u>덮이더라</u>.
(덮이다)

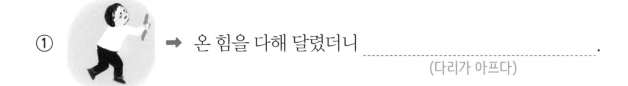

① → 온 힘을 다해 달렸더니 _____.
(다리가 아프다)

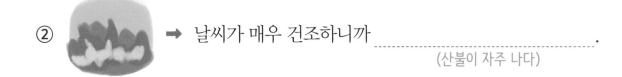

② → 날씨가 매우 건조하니까 _____.
(산불이 자주 나다)

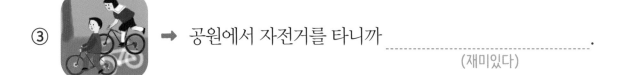

③ → 공원에서 자전거를 타니까 _____.
(재미있다)

④ → 설날에 사람들이 _____.
(연을 날리다)

**4.** 그림을 보고 〈보기〉와 같이 써 봅시다.

〈보기〉

놀이 마을에서
무엇을 봤어?

놀이 마을

사람들이
널뛰기를 하더라.

① _____에서
무엇을 봤어?

놀이 마을

사람들이

_____.

② _____

_____

정문

_____

_____

③ _____

_____

민속 마을

_____

_____

④ _____

_____

장터

_____

_____

**1. 그림을 보고 글자를 완성해 봅시다.**

① | ㅊ | ㄹ | 를 지내다

② | ㄱ | ㅅ | 을 | ㄱ | ㄷ | ㄷ |

③ | ㅆ | ㄹ | 을 하다

④ | ㅅ | ㅍ | 을 | ㅂ | ㄷ |

**2. 글을 다시 읽고 빈칸에 알맞은 낱말을 찾아 써 봅시다.**

놀이와     송편은     풍습이     씨름은     농사를     곡식에

① 추석은 무슨 날이에요?

추석은 _____ 지어 가을에 거둔 _____ 대해 감사하는 날이에요.

② 추석에는 무슨 풍습이 있어요?

추석에는 _____ 관련된 풍습이 있고 또 음식과 관련된 _____ 있어요.

③ _____ 어떻게 빚나요?

_____ 쌀가루로 둥글게 만들어요.

④ _____ 무슨 놀이인가요?

_____ 두 사람이 서로 힘을 겨루는 놀이예요.

## 3. 〈보기〉와 같이 써 봅시다.

〈보기〉

**추석에는 송편을 빚어요 ＋ 송편은 쌀가루로 둥글게 만들어요**

➡ 추석에는 송편을 빚는데 쌀가루로 둥글게 만들어요.

① 아비가일은 내 친구예요 ＋ 아비가일은 한국어 공부를 열심히 해요

➡ _____ .

② 떡볶이는 맛있어요 ＋ 떡볶이는 친구와 함께 먹으면 더 맛있어요

➡ _____ .

③ 저는 요즘 한국어를 배워요 ＋ 한국어 공부가 정말 재미있어요

➡ _____ .

## 4. 그림을 그리고 빈칸에 알맞은 말을 써 봅시다.

송편                                  씨름

추석은 한국의 큰 명절이에요. 추석에는 다양한 _____ 이 있어요.

먼저, 음식 풍습으로 추석에는 _____ 을 먹어요. 송편은 쌀가루로

둥글게 만들어요. 그리고 _____ 풍습으로 추석에는 씨름을 해요.

_____ 두 사람이 서로 힘을 겨루는 놀이예요.

1. 어울리는 것을 연결하고 빈칸에 알맞은 말을 써 봅시다.

선물　　　　놀이공원　　　　집안일

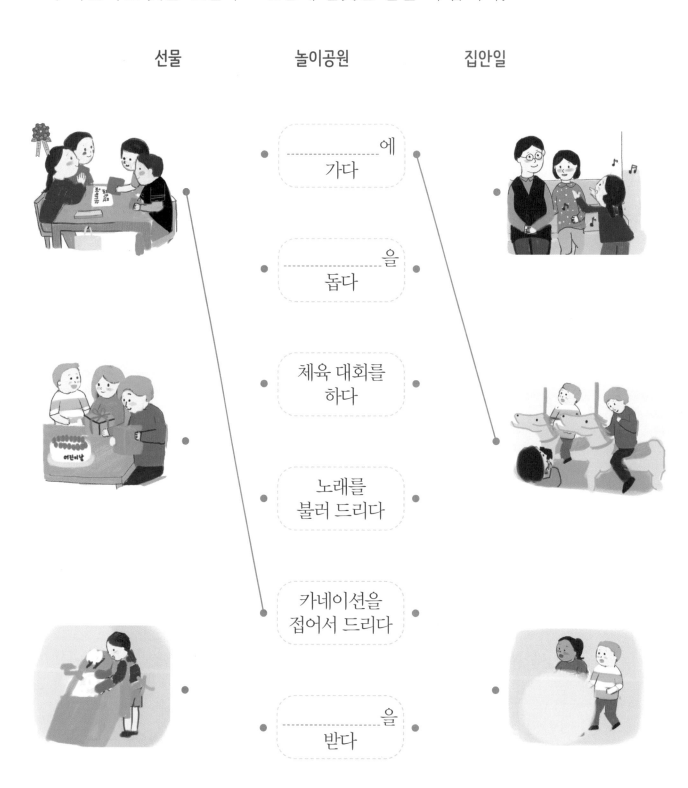

_____에
가다

_____을
돕다

체육 대회를
하다

노래를
불러 드리다

카네이션을
접어서 드리다

_____을
받다

## 2. 〈보기〉와 같이 써 봅시다.

〈보기〉 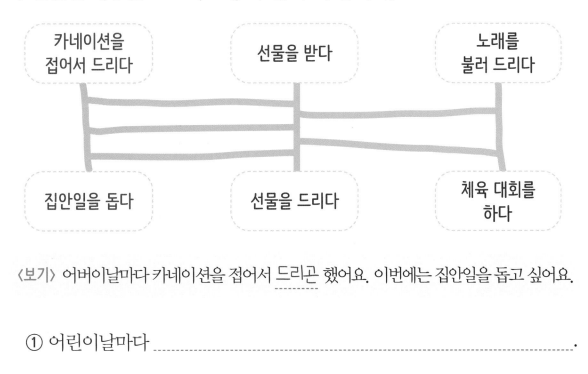 ➡ 겨울이 되면 __길이 눈으로 덮이곤 해요__.
(길이 눈으로 덮이다)

① ➡ 운동회 마지막 순서로 _____.
(이어달리기를 하다)

② ➡ 가을 날씨는 건조해서 _____.
(산불이 잘 나다)

③ ➡ 설날이 되면 아침마다 _____.
(떡국을 먹다)

## 3. 연결된 내용을 보고 〈보기〉와 같이 써 봅시다.

| 카네이션을 접어서 드리다 | 선물을 받다 | 노래를 불러 드리다 |
| --- | --- | --- |

| 집안일을 돕다 | 선물을 드리다 | 체육 대회를 하다 |
| --- | --- | --- |

〈보기〉 어버이날마다 카네이션을 접어서 드리곤 했어요. 이번에는 집안일을 돕고 싶어요.

① 어린이날마다 _____.

② 어버이날마다 _____.

**1.** 글을 읽고 빈칸에 알맞은 말을 써 봅시다.

1) 성우의 글을 읽고 알맞은 말을 아래에서 골라 쓰세요.

태극기 그리기 체험

태극기를 그렸어요

애국가를 불렀어요

기념행사를 봤어요

8월 15일은 광복절이에요. 저는 리암과 함께 광화문 광장에 갔어요.

저는 광장에서 _____.

제가 직접 그린 태극기를 바라보니 기분이 뿌듯했어요. 리암은 광화문

광장에서 _____.

광복절을 기념하는 공연을 보기 위해 정말로 많은 사람들이 모였어요.

또 리암과 저는 음악에 맞춰서 _____.

여러 사람이 부르는 노랫소리는 정말로 우렁찼어요.

2) 아이다의 글을 읽고 알맞은 말을 아래에서 골라 쓰세요.

이번 한글날에 국립한글박물관에 다녀왔어요.

먼저 한글 배움터에서 _____.

글자를 붙여서 이름을 만드는 활동이 재미있었어요. 한글 배움터

에서 나와 이번에는 한글 놀이터에 갔어요. 한글 놀이터에서는

_____.

나뭇가지와 잎을 가지고 '나무'라는 낱말을 예쁘게 꾸미는 활동을

했어요. 한글은 참으로 배우기 쉽고 모양도 예쁜 글자라고 생각했어요.

글자로 이름을 만들었어요

한글을 예쁘게 꾸몄어요

**2.** 알맞은 낱말을 찾아 〈보기〉와 같이 바꾸어 써 봅시다.

먹다      찾다      그리다      무덥다      타다      빚다

〈보기〉    우리가 어제 <u>먹었던</u> 김밥은 정말 맛있었어.

① 이 사진을 보면 처음 자전거를 _____ 때가 떠올라.

② 내가 어릴 적 _____ 그림이 지금도 액자에 걸려 있어.

③ 그토록 _____ 목걸이는 아직도 어디에 있는지 모르겠어.

④ 지난 여름은 참 _____ 기억이 나.

⑤ 작년 추석에 내가 직접 _____ 송편은 참 맛있었어.

## 3. ⟨보기⟩와 같이 써 봅시다.

⟨보기⟩ ➡ 광화문에서 <u>기념행사를 보았던</u> 기억이 나요.
(기념행사를 보다)

① ➡ 한글 놀이터에서 _____ 기억이 나요.
(한글을 예쁘게 꾸미다)

② ➡ 광장에서 친구와 함께 _____ 기억이 나요.
(애국가를 부르다)

태극기 그리기 체험
③ ➡ 체험 마당에서 _____ 기억이 나요.
(태극기를 그리다)

아이다
④ ➡ 한글 배움터에서 _____ 기억이 나요.
(글자로 이름을 만들다)

# 글씨 연습

● 글씨를 바르게 써 봅시다.

| 차 | 례 | 를 | | 지 | 내 | 다 | | 곡 | 식 |
|---|---|---|---|---|---|---|---|---|---|
| 차 | 례 | 를 | | 지 | 내 | 다 | | 곡 | 식 |
| | | | | | | | | | |

| 윷 | 놀 | 이 | 널 | 뛰 | 기 | 연 | 날 | 리 | 기 |
|---|---|---|---|---|---|---|---|---|---|
| 윷 | 놀 | 이 | 널 | 뛰 | 기 | 연 | 날 | 리 | 기 |
| | | | | | | | | | |

| | 나 | 는 | | 생 | 일 | 에 | | 감 | 기 |
|---|---|---|---|---|---|---|---|---|---|
| 에 | | 걸 | 려 | 서 | | 아 | 팠 | 던 | |
| 기 | 억 | 이 | | 나 | . | | | | |
| | | | | | | | | | |

추석에는 다양한 풍습이 있습니다. 먼저 음식과 관련된 풍습이 있습니다. 추석엔 송편을 빚는데 쌀가루로 만듭니다.

# 4 피곤하기는 하지만 행복해요

## ① 친구와 함께 하는 활동

**1. 알맞은 낱말을 골라 써 봅시다.**

독서하기    그리기    요리하기    만들기    빌리기    글짓기

요리하기

**2. 〈보기〉와 같이 써 봅시다.**

〈보기〉 여러 재료를 가지고 요리하다
➡ 여러 재료를 가지고 요리한대요.

① 책을 빌려 읽다
➡ _____ .

② 좋아하는 것을 골라서 그리다
➡ _____ .

③ 찰흙으로 다양한 모양을 빚다
➡ _____ .

④ 생각과 느낌을 글로 쓰다
➡ _____ .

그리기, 요리하기, 재료, 글짓기, 독서하기, 빌리다, 만들기,
찰흙, 물감, 준비하다　-는대요, -으래요

● 〈의사소통 한국어 4〉 72~73쪽

## 3. 〈보기〉와 같이 빈칸에 알맞은 말을 써 봅시다.

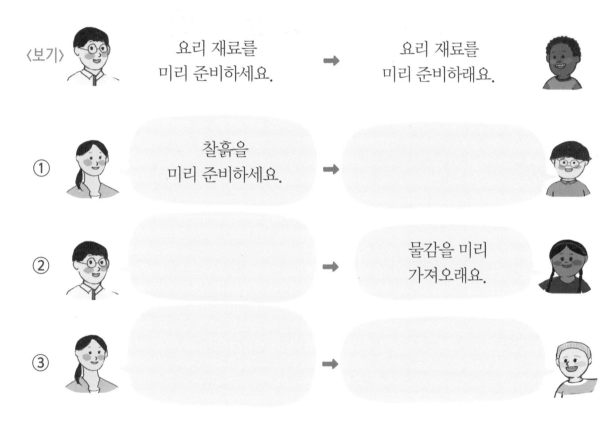

〈보기〉 요리 재료를 미리 준비하세요. ➡ 요리 재료를 미리 준비하래요.

① 찰흙을 미리 준비하세요. ➡

② ➡ 물감을 미리 가져오래요.

③ ➡

## 4. 그림을 보고 빈칸에 알맞은 말을 써 봅시다.

선생님께서 친구와 함께 하고 싶은 활동을 정해 오라고

하셨어요. 성우는 _____를 하고 싶어 해요. 만들기

시간에는 _____. 저는 _____

_____.

## ② 현장 체험 학습

### 1. 그림을 보고 알맞은 낱말을 써 봅시다.

영화관

### 2. 어울리는 것을 연결하고 빈칸에 낱말을 찾아 써 봅시다.

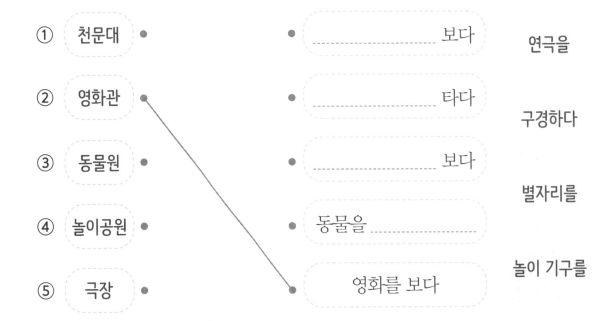

| ① 천문대 | • | • _____ 보다 | 연극을 |
| ② 영화관 | • | • _____ 타다 | 구경하다 |
| ③ 동물원 | • | • _____ 보다 | 별자리를 |
| ④ 놀이공원 | • | • 동물을 _____ | 놀이 기구를 |
| ⑤ 극장 | • | • 영화를 보다 | |

## 3. 〈보기〉와 같이 써 봅시다.

〈보기〉 ➡ 아비가일이 천문대에서 __달을 보재요__.
(달을 보다)

① ➡ 촘푸가 동물원에서 _____.
(동물을 구경하다)

② ➡ 빈센트가 _____에서 _____.
(연극을 보다)

③ ➡ 하미가 _____.
(놀이공원에서 놀이 기구를 타다)

④ ➡ 요우타가 _____.
(천문대에서 별자리를 보다)

## 4. 그림을 보고 〈보기〉와 같이 써 봅시다.

〈보기〉 나는 이번 체험 학습으로 천문대에 가고 싶어요. 천문대에 가서
별자리를 보고 싶어요. 그런데 성우는 동물원에 가재요. 성우는
동물원에서 동물을 구경하고 싶어 해요.

| 내가 가고 싶은 체험 학습 | 친구가 가고 싶은 체험 학습 |
|---|---|
| | |

_____

_____

_____

_____

1. 낱말을 골라 그림에 알맞은 말을 써 봅시다.

주물러

돕다

드리다

할머니

초대하다

어깨를

할아버지를

청소를

책을

읽어

## 2. 〈보기〉와 같이 써 봅시다.

〈보기〉

할머니, 할아버지를 초대하다

➡ 할머니, 할아버지를 초대하는 게 어때요?

①

어깨를 주물러 드리다

➡ _____ 게 어때요?

②

책을 읽어 드리다

➡ _____?

③

청소를 돕다

➡ _____?

## 3. 〈보기〉와 같이 문장을 바꾸어 써 봅시다.

〈보기〉

**요양원에서 봉사 활동을 하다**

➡ 요양원에서 봉사 활동을 하는 게 어때?

① 체험 학습으로 동물원에 가다

➡ _____ 게 어때?

② 도서관에서 책을 정리하다

➡ _____ ?

③ 우산을 챙겨서 학교에 가다

➡ _____ ?

④ 운동장에서 축구를 하며 친구와 놀다

➡ _____ ?

**4.** 〈보기〉와 같이 빈칸에 알맞은 말을 써 봅시다.

〈보기〉

책을 정리했더니 힘들었어요. 하지만 보람찼어요.
➡ 책을 정리했더니 힘들기는 했지만 보람찼어요.

① 청소를 도왔더니 피곤했어요. 하지만 기분은 좋았어요.
➡ _____
_____ .

② 책을 읽어 드렸더니 목이 아팠어요. 하지만 보람찼어요.
➡ _____
_____ .

③ _____
_____ .
➡ 어깨를 주물러 드렸더니 팔이 아프기는 했지만 뿌듯했어요.

# ④ 모둠 역할 정하기

## 1. 어울리는 것을 연결하고 빈칸에 알맞은 낱말을 찾아 써 봅시다.

순서를 정하다　　　발표하다　　　학급 규칙을　　　준비물을

[지킴이] •　　　　　　　• _____ 나누어 주다

[기록이] •　　　　　　　• _____ 알려 주다

[이끔이] •　　　　　　　• 기록한 내용을 _____

[나눔이] •　　　　　　　• 말하는 _____

## 2. 1의 내용을 보고 〈보기〉와 같이 써 봅시다.

〈보기〉 **[기록이]** ➡ 기록한 내용을 발표하기 위해서 기록이가 필요해요.

① [지킴이] ➡ _____.

② [이끔이] ➡ _____.

③ [나눔이] ➡ _____.

3. 〈보기〉와 같이 한 문장으로 써 봅시다.

〈보기〉
밥을 먹다 + 식당으로 가다
➡ 밥을 먹기 위해서 식당으로 가요.

① 건강해지다 + 매일 운동을 하다

➡ _____ .

② 친구와 놀다 + 열심히 숙제를 하다

➡ _____ .

③ 선물을 사다 + 용돈을 모으다

➡ _____ .

4. 다음 글을 읽고 빈칸에 알맞은 속담을 써 봅시다.

청소 시간이었어요. 복도 청소 당번인 하미가 혼자서
복도를 청소하고 있었어요. 그 모습을 친구들이 보았어요.
친구들이 하미에게 다가와서 말했어요.

"하미야, 우리가 도와줄게. 같이 청소하자."

"괜찮아. 내가 할 일인걸."이라고 하미가 말했어요.

"'_____ .'고 하잖아. 다 같이 하면
금방 끝낼 수 있을 거야."라고 빗자루를 꺼내며 친구들이 말했어요. "정말
고마워. 나도 나중에 도와줄게."라고 하미가 웃으며 말했어요.

# 글씨 연습

● 글씨를 바르게 써 봅시다.

| 별 | 자 | 리 |
|---|---|---|
| 별 | 자 | 리 |
| | | |

| 찰 | 흙 |
|---|---|
| 찰 | 흙 |
| | |

| 재 | 료 |
|---|---|
| 재 | 료 |
| | |

| 물 | 감 |
|---|---|
| 물 | 감 |
| | |

| 놀 | 이 | 공 | 원 |
|---|---|---|---|
| 놀 | 이 | 공 | 원 |
| | | | |

| 구 | 경 | 하 | 다 |
|---|---|---|---|
| 구 | 경 | 하 | 다 |
| | | | |

| 여 | 러 | | 사 | 람 | 이 | | 힘 | 을 |
|---|---|---|---|---|---|---|---|---|
| | | | | | | | | |
| 합 | 치 | 니 | 까 | | 열 | 차 | 도 | 움 |
| | | | | | | | | |
| 직 | 일 | | 수 | | 있 | 었 | 어 | 요 | . |
| | | | | | | | | |

하는 게 어때요?

하는 게 어때요?

이번 축제에는 요
양원의 할머니, 할아
버지도 초대하는 게
어때요? 할머니, 할아
버지께서 아이들을
참 좋아하세요.

# 5 알기 쉽게 설명해 준 덕분에 이해했어

## 1 처음 만난 친구

1. 기분을 나타내는 말을 만들어 써 봅시다.

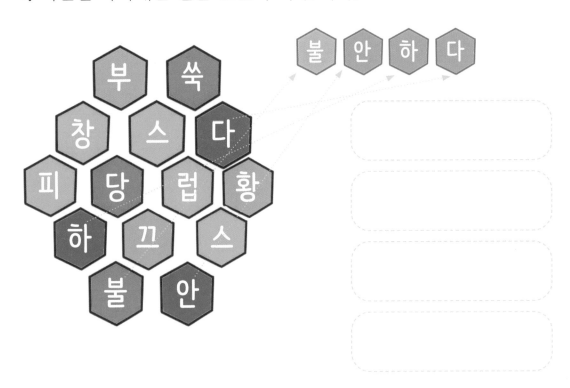

2. 〈보기〉와 같이 써 봅시다.

〈보기〉 처음 우리 학교에 전학 왔을 때는 좀 <u>불안했어요</u>.

① 친구들이 내 이름을 이상하게 발음해서 _____.

② 많은 친구들 앞에서 발표할 때 _____.

③ 나만 준비물을 안 가져왔을 때 _____.

④ 친구들이 내가 한국말을 잘한다고 칭찬해 주면 _____.

쏙스럽다, 부끄럽다, 불안하다, 창피하다, 당황스럽다

-을까 봐

● 〈의사소통 한국어 4〉 90~91쪽

**3.** 〈보기〉와 같이 두 문장을 연결하고 써 봅시다.

〈보기〉 한국어 발음을 틀리다 **+** 불안하다

➡ 한국어 발음을 틀릴까 봐 불안했어요.

① 집에 갈 때 길을 잃다 **+** 걱정되다

➡ _____

② 내가 실수하는 것을 친구들이 보다 **+** 창피하다

➡ _____

③ 높은 곳에 올라가면 떨어지다 **+** 무섭다

➡ _____

④ 친구가 나를 기억 못하다 **+** 인사하기가 쏙스럽다

➡ _____

**4.** 틀린 것을 고쳐 써 봅시다.

제가 처음에 우리 학교에 전학 왔을 때는 한국어를 잘 못했어요. 그래서 친구들하고 잘 어울리지 않았어요. 한국어 발음을 틀리까 봐 부끄러웠거든요. 그런데 지금은 한국말도 잘하게 됐고, 친구들하고도 잘 지내요.

➡

## ② 고마운 친구

1. 알맞은 낱말을 골라 써 봅시다.

| 감동했어요 | 든든했어요 | 감격했어요 | 놀랐어요 |

① 오늘은 제 생일이에요. 점심시간에 친구들이 생일 선물을 주고 노래도
불러 줘서 _____.

② 저는 숙제하다가 모르는 것이 있으면 항상 언니한테 물어봐요. 언니가
있어서 참 _____.

③ 수업 후에 언제나 엄마가 저를 데리러 오세요. 그런데 오늘은 아빠가
오셔서 조금 _____.

④ 전학 온 날 많은 친구들이 저를 도와줘서 정말 _____.
그래서 집에 오면서 눈물이 났어요.

## 2. 문장을 연결한 후 〈보기〉와 같이 써 봅시다.

① 성우가 우산을 빌려주다 ●     ● 숙제를 다 하다

② 친구들이 같이 찾아 주다 ●     ● 비를 안 맞다

③ 지민이가 숙제를 도와주다 ●     ● 잃어버린 알림장을 찾다

④ 아빠가 데려다주시다 ●     ● 학교에 지각하지 않다

〈보기〉

① 성우가 우산을 빌려준 덕분에 비를 안 맞았어요.

②

③

④

**3.** 〈보기〉와 같이 써 봅시다.

〈보기〉

리암, 지난번에 준비물은 잘 챙겼어?

네가 전화해 준 덕분에 잊지 않고 잘 챙겼어. 고마워.
_____
(네가 전화해 주다)

그랬구나. 잘됐어.

① 하미야, 어제 잃어버린 필통 찾았어?

저밍이 _____. 고마워.
(종일 같이 찾아 주다)

그랬구나. 잘됐어.

② 요우타, 어제 수업 끝나고 새로 이사한 집에 잘 찾아갔어?

네가 _____.
(자세하게 약도를 잘 그려 주다)

_____.

**4.** 친구에게 쓴 편지를 완성해 봅시다.

저밍에게

어제 네가 잃어버린 필통을 ⋯⋯⋯⋯⋯⋯⋯⋯⋯⋯⋯⋯⋯⋯⋯⋯

⋯⋯⋯⋯⋯⋯⋯⋯⋯⋯⋯⋯⋯⋯⋯⋯⋯ 잘 찾았어.

그때 정말 감동했어. 고마워.

너의 친구 하미로부터

아이다에게

어제 네가 ⋯⋯⋯⋯⋯⋯⋯⋯⋯⋯⋯⋯⋯⋯⋯⋯⋯⋯⋯⋯

⋯⋯⋯⋯⋯⋯⋯⋯⋯⋯⋯⋯⋯⋯⋯⋯ 집에 잘 찾아갔어.

그때 정말 든든했어. 고마워.

너의 친구 요우타로부터

**1. 알맞은 말을 골라 써 봅시다.**

숙제를 하다    친구와 수다를 떨다    동생을 달래다

놀이터에서 놀다    심부름을 하다    잃어버린 물건을 찾다

## 2. 〈보기〉와 같이 써 봅시다.

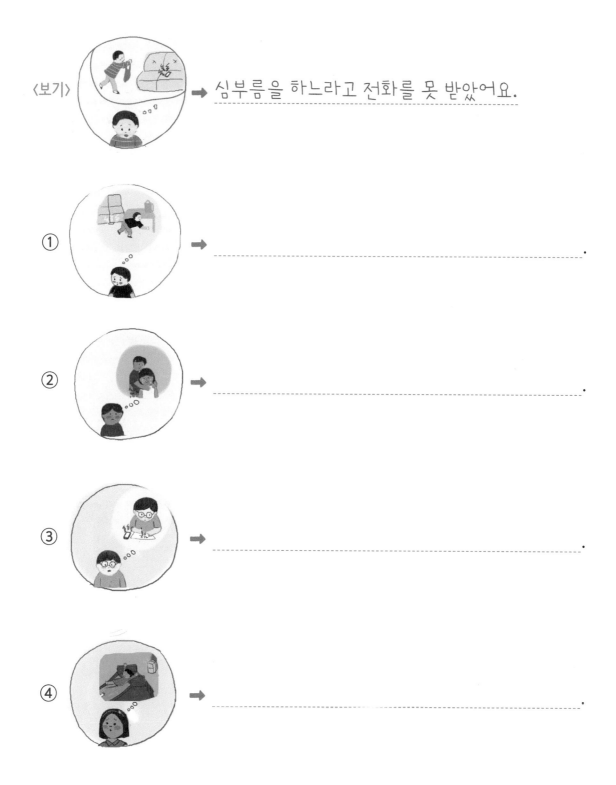

〈보기〉 ➡ 심부름을 하느라고 전화를 못 받았어요.

① ➡ _____.

② ➡ _____.

③ ➡ _____.

④ ➡ _____.

# 3. <보기>와 같이 써 봅시다.

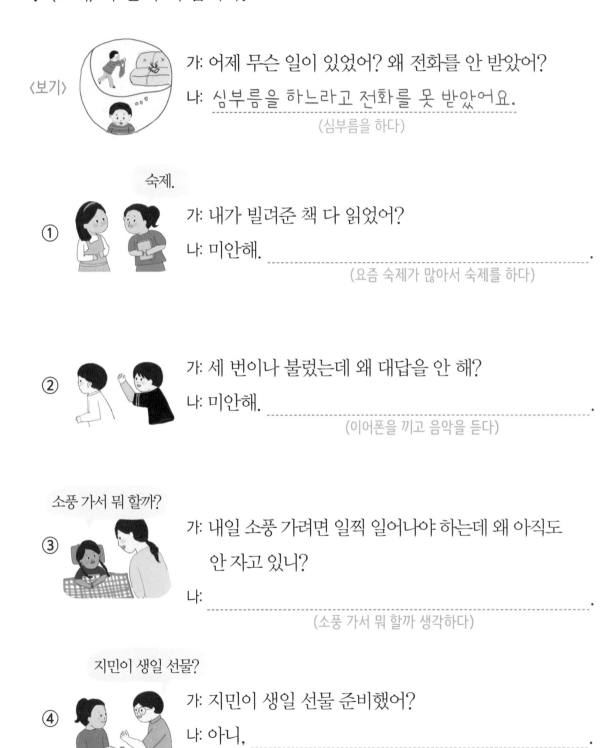

<보기>

가: 어제 무슨 일이 있었어? 왜 전화를 안 받았어?

나: 심부름을 하느라고 전화를 못 받았어요.

(심부름을 하다)

숙제.

① 가: 내가 빌려준 책 다 읽었어?

나: 미안해. _____.

(요즘 숙제가 많아서 숙제를 하다)

② 가: 세 번이나 불렀는데 왜 대답을 안 해?

나: 미안해. _____.

(이어폰을 끼고 음악을 듣다)

소풍 가서 뭐 할까?

③ 가: 내일 소풍 가려면 일찍 일어나야 하는데 왜 아직도

안 자고 있니?

나: _____.

(소풍 가서 뭐 할까 생각하다)

지민이 생일 선물?

④ 가: 지민이 생일 선물 준비했어?

나: 아니, _____.

(뭘 살지 고민하다)

## 4. 성우의 편지를 완성해 봅시다.

지민이에게

지민아, 어제 전화를 못 받아서 미안해. 그때 집에 사촌 형이

놀러 와서 같이 ① ----------------------------------- 전화를 못 받았어.

그리고 아까도 전화를 못 받아서 미안해. 아까는 엄마가 주신

과일을 ② ------------------------------- 전화가 온 줄 몰랐어. 그런데 너는

오늘 숙제 다 했니? 나는 ③ ------------------------------- 아직 시작도 못 했어.

## 1. 글자를 완성해 봅시다.

① 이번에도 내가 던질게.

| ㅂ | ㄱ | ㅇ | 하다.

② 우리 주말 약속 잊지 않았지?

| ㅇ | ㅅ | ㅇ | 다시 | ㅈ | ㅎ | ㄷ |.

③ 식판을 들 수 있겠어?

| ㄷ | ㅅ | ㅎ | 주다.

④ 너도 한번 넣어 볼래?

시범을 | ㅂ | ㅇ | ㅈ | ㄷ |.

⑤ 오늘 수업 끝나고 운동장에서 축구할래?

| ㄷ | ㅇ | ㅇ | ㄹ | 미루다.

## 2. 알맞은 것을 골라 대화를 완성해 봅시다.

번갈아 하자      다음으로 미루면 어때      대신해 줄까      시범을 보여 주세요

① 발뒤꿈치를 먼저 땅에 닿게 하는 것이 바르게 걷는 자세예요.

선생님, _____ .

② 내 게임이 다 끝난 다음에 네가 해.

그러지 말고 한 사람씩 _____ .

③ 팔을 다쳐서 식판을 들기가 어려운데 어떡하지?

내가 _____ ?

④ 오늘 수업 끝나고 우리 집에서 놀기로 했지?

오늘은 병원에 가야 해서 _____ ?

**3.** 〈보기〉와 같이 써 봅시다.

〈보기〉

게임을 번갈아 하자.

➡ 게임을 번갈아 하면 안 될까?

① 이번에는 내가 보고 싶은 만화를 볼래.

➡ _____?

② 지나가게 좀 비켜 줘.

➡ _____?

③ 가방이 너무 무거운데 좀 들어 줄래?

➡ _____?

④ 내가 그날 시간이 안 될 것 같은데 약속을 다시 정하자.

➡ _____?

⑤ 오늘 간식은 다른 것을 먹어 보자.

➡ _____?

# 4. 대화를 완성해 봅시다.

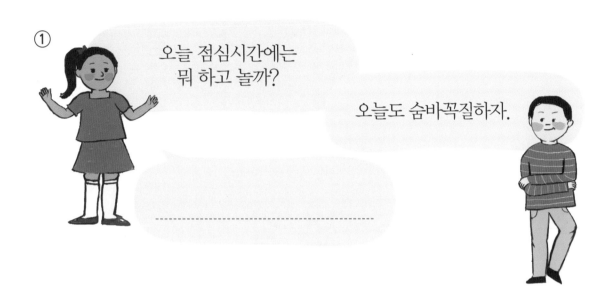

① 오늘 점심시간에는 뭐 하고 놀까?

오늘도 숨바꼭질하자.

------------------------------------------------

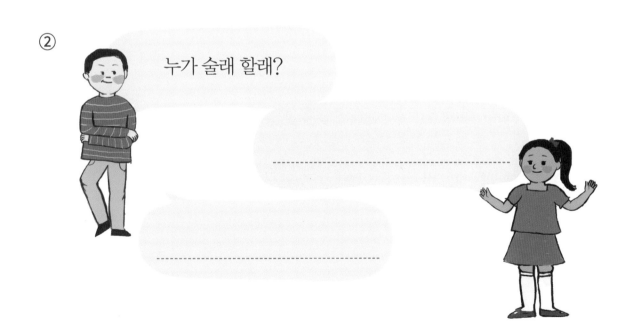

② 누가 술래 할래?

------------------------------------------------

------------------------------------------------

# 글씨 연습

● 글씨를 바르게 써 봅시다.

| 심 | 부 | 름 | 을 | | 하 | 다 |
|---|---|---|---|---|---|---|
| 심 | 부 | 름 | 을 | | 하 | 다 |
| | | | | | | |

| 놀 | 라 | 다 |
|---|---|---|
| 놀 | 라 | 다 |
| | | |

| 감 | 동 | 하 | 다 |
|---|---|---|---|
| 감 | 동 | 하 | 다 |
| | | | |

| 번 | 갈 | 아 | | 하 | 다 |
|---|---|---|---|---|---|
| 번 | 갈 | 아 | | 하 | 다 |
| | | | | | |

| | 제 | 가 | | 처 | 음 | 에 | | 우 | 리 |
|---|---|---|---|---|---|---|---|---|---|
| | | | | | | | | | |
| 학 | 교 | 에 | | 전 | 학 | | | 왔 | 을 |
| | | | | | | | | | |
| 때 | 는 | | 좀 | | 불 | 안 | 했 | 어 | 요. |
| | | | | | | | | | |

지민이에게

지난번 알림장을

쓸 때 도와줘서 고

마워. 한국어가 익숙

하지 않았는데 네가

쉽게 설명해 준 덕

분에 이해했어.

# 6 달리기하다가 넘어지고 말았어요

## ① 학교에서의 실수

1. 알맞은 말을 골라 써 봅시다.

물을 엎지르다    배턴을 놓치다    친구와 부딪치다    헛발질을 하다    넘어지다

① |  |  |  |  |

② |  |  |  |  |  |  |

③ |  |  |  |  |  |  |

④ |  |  |  |  |  |  |

⑤ |  |  |  |  |  |  |

## 2. 알맞은 말을 골라 써 봅시다.

길을 잃었어요        창문을 깨뜨렸어요        친구와 부딪쳤어요

돌부리에 발이 걸렸어요        헛발질을 했어요

① 다른 교실에 친구를 만나러 가다가 복도에서 _____ .

② 야구를 하다가 공을 잘못 던져서 _____ .

③ 바닥의 돌을 못 보고 빨리 걷다가 _____ .

④ 공을 찰 때 공에 발이 미끄러져서 _____ .

⑤ 급하게 뛰어가다가 친구를 못 보고 _____ .

**3.** 알맞은 것을 연결하고 문장을 만들어 봅시다.

①   •     •  놓치다

②   •     •  잃다

③   •     •  깨뜨리다

④   •     •  엎지르다

① 성우는 창문을 깨뜨리고 말았어요.

②

③

④

**4.** 여러분도 실수한 적이 있어요? 실수한 일을 〈보기〉와 같이 써 봅시다.

〈보기〉

저는 달리기를 하다가 넘어졌어요.
앞 친구보다 빨리 가고 싶어서
빨리 뛰었는데, 갑자기 몸이 앞으로
기울어졌어요. 그래서 넘어지고 말았어요.
열심히 뛰었는데 아쉬웠어요.

　　　저는 오늘 복도에서 _____.

신발 끈이 풀려서 다시 묶고 일어났는데, 마침 맞은편에서 친구가 오고

있었어요. 앞에 오는 친구를 못 봐서 _____.

## ② 교실에서의 실수

### 1. 알맞은 것을 연결해 봅시다.

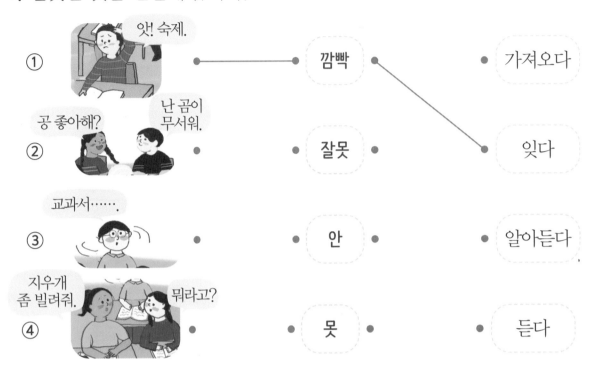

① 앗! 숙제.

② 공 좋아해? / 난 곰이 무서워.

③ 교과서…….

④ 지우개 좀 빌려줘. / 뭐라고?

깜빡 · — · 가져오다

잘못 · · 잊다

안 · · 알아듣다

못 · · 듣다

### 2. 〈보기〉와 같이 써 봅시다.

〈보기〉 **교과서를 잘못 가져왔어요** ➡ 교과서를 잘못 가져왔구나.

① 실내화를 잃어버렸어요

➡ _____ .

② 친구의 생일을 깜빡 잊었어요

➡ _____ .

③ 선생님 말씀을 못 들었어요

➡ _____ .

④ 준비물을 안 가져왔어요

➡ _____ .

**3.** 그림을 보고 〈보기〉와 같이 써 봅시다.

〈보기〉

공 좋아해? / 난 곰이 무서워.

가: 공 좋아해?

나: 난 곰이 무서워.

가: 내 말을 <u>잘못 알아들었구나.</u>

① 

가: 이런, 실수로 과학 교과서를 가져왔어.

나: 그래? 교과서를 _____.

② 뭐라고? / 지우개 좀 빌려줘.

가: 지우개 좀 빌려줘.

나: 뭐라고?

가: 내 말을 _____.

③ 가방? / 아니야.

가: 아빠 가방에 들어가셨다?

나: 아니야, _____.

가: 아! '아빠가 방에 들어가셨다.'라고 읽어야 하네.

**4.** 다음 글을 읽고 빈칸에 알맞은 말을 써 봅시다.

가: 이번 주에 학교에서 실수를 너무 많이 했어.

나: 어떤 실수를 했는데?

가: 선생님 말씀을 ① _____ 알아듣고 엉뚱한 숙제를 했어.

나: 아, 선생님 말씀을 ② _____.

가: 그리고 준비물도 ③ _____ 잊고 못 챙겼어.

나: 그래? 그래서 미술 시간에 표정이 ④ _____.

# 3 후회하는 일

**1.** 집으로 가는 길을 찾아 가 봅시다.

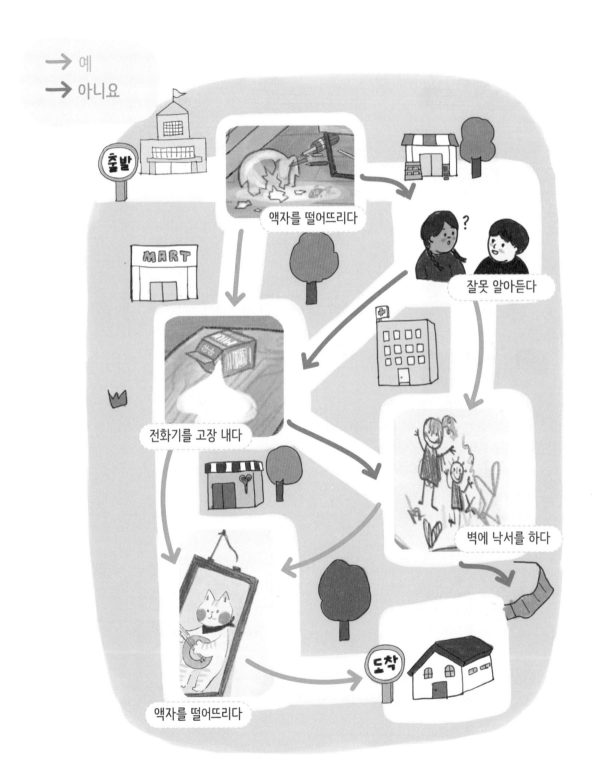

→ 예
→ 아니요

액자를 떨어뜨리다

잘못 알아듣다

전화기를 고장 내다

벽에 낙서를 하다

액자를 떨어뜨리다

## 2. 〈보기〉와 같이 써 봅시다.

① 어항은 왜 깨뜨렸어?
(물고기를 꺼내지 말다)

② 쿠션을 망가뜨렸구나.
(쿠션을 던지지 말다)

③ 액자도 떨어뜨렸니?
(액자를 건드리지 말다)

④ 우유도 쏟았구나.
(우유 잔을 조심하다)

① 물고기를 | 꺼 | 내 | 지 |  | 말 | 걸 | .

② 쿠션을 ☐☐☐  ☐☐ .

③ 액자를 ☐☐☐  ☐☐☐ .

④ 우유 잔을 ☐☐☐☐ .

## 3. 알맞은 것을 연결해 봅시다.

① 수업 시간에 떠들다가 선생님한테 혼났어 ●     ● 앞을 보고 걸을걸

② 오늘 아침에 늦게 일어났어 ●     ● 조금 참을걸

③ 화가 나서 동생한테 소리를 질렀어 ●     ● 떠들지 말걸

④ 다른 곳을 보고 걷다가 넘어졌어 ●     ● 어젯밤에 일찍 잘걸

⑤ 아이스크림을 많이 먹어서 배탈이 났어 ●     ● 조금만 먹을걸

# 4 친구와 사이좋게 지내기

## 1. 알맞은 말을 골라 써 봅시다.

양보하다　　사과하다　　놀리다　　화내다
친구 말을 잘 들어주다　　잘 도와주다

① _____　② _____　③ _____

④ _____　⑤ _____　⑥ _____

## 2. 〈보기〉와 같이 써 봅시다.

〈보기〉 도움이 필요한 친구를 도와주다 ➡ 도움이 필요한 친구를 도와줘야지.

① 오늘은 잊지 말고 숙제를 하다 ➡ _____.

② 앞으로는 부모님 말씀을 잘 듣다 ➡ _____.

③ 다음부터는 아플 때 약을 잘 먹다 ➡ _____.

④ 앞으로는 쓰레기를 길에 버리지 말다 ➡ _____.

⑤ 이제부터는 친구와 사이좋게 지내다 ➡ _____.

## 3. 알맞은 말을 골라 써 봅시다.

먼저 사과해야지　　정리를 잘해야지　　더 노력해야지　　화내지 말아야지

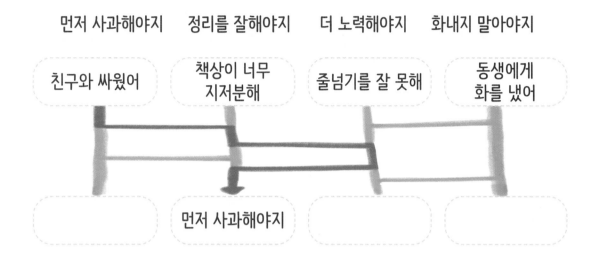

친구와 싸웠어　　책상이 너무 지저분해　　줄넘기를 잘 못해　　동생에게 화를 냈어

먼저 사과해야지

## 4. 다음을 잘 읽고 질문에 답해 봅시다.

지민: 성우야, 아이다가 나한테 화가 난 것 같아.

성우: 왜 둘이 싸웠어?

지민: 아까 실수로 아이다 책을 찢었거든.

성우: 그랬구나. 아이다한테 사과는 했어?

지민: 그게……. 너무 당황해서 사과도 못하고 말았어.

성우: 그런 일이 있을 때는 바로 사과하는 게 좋아.

지민: 그래, 맞아. 다음부터는 바로 사과해야지.

1) 아이다는 왜 화가 났어요?

　　지민이가 실수로 _____.

2) 지민이는 왜 아이다에게 사과를 못했어요?

　　① 당황해서　　　　　② 시간이 없어서　　　　　③ 화가 나서

3) 지민이는 어떻게 다짐했어요?

　　'다음부터는 바로 _____.'라고 다짐했어요.

# 글씨 연습

● 글씨를 바르게 써 봅시다.

| 달 | 력 | 을 | | 찢 | 다 |
|---|---|---|---|---|---|
| 달 | 력 | 을 | | 찢 | 다 |
| | | | | | |

| 양 | 보 | 하 | 다 |
|---|---|---|---|
| 양 | 보 | 하 | 다 |
| | | | |

| 우 | 유 | 를 | | 쏟 | 다 |
|---|---|---|---|---|---|
| 우 | 유 | 를 | | 쏟 | 다 |
| | | | | | |

| 사 | 과 | 하 | 다 |
|---|---|---|---|
| 사 | 과 | 하 | 다 |
| | | | |

| 리 | 암 | 은 | | 후 | 회 | 했 | 어 | 요. |
|---|---|---|---|---|---|---|---|---|
| | | | | | | | | |
| | ' | 스 | 케 | 치 | 북 | 에 | | 그 | 림 |
| | | | | | | | | |
| 을 | | 그 | 릴 | 걸 | .' | | | |
| | | | | | | | | |

| 잃 | 어 | 버 | 리 | 다 | 깜 | 빡 |  | 잊 | 다 |
|---|---|---|---|---|---|---|---|---|---|
| 잃 | 어 | 버 | 리 | 다 | 깜 | 빡 |  | 잊 | 다 |
|   |   |   |   |   |   |   |  |   |   |

|   | 리 | 암 | 은 |   | 오 | 늘 |   | 친 | 구 |
|---|---|---|---|---|---|---|---|---|---|
| 들 | 과 |   | 집 | 에 | 서 |   | 즐 | 겁 | 게 |
| 놀 | 았 | 어 | 요 | . |   | 스 | 케 | 치 | 북 |
| 대 | 신 | 에 |   | 달 | 력 | 을 |   | 찢 | 어 |
| 서 |   | 거 | 기 | 에 |   | 그 | 림 | 을 |   |
| 그 | 렸 | 어 | 요 | . |   |   |   |   |   |
|   |   |   |   |   |   |   |   |   |   |

# 7 백성을 위해 한글을 만드셨어요

## 1 광화문 광장의 위인들

1. 어울리는 것을 연결한 후 써 봅시다.

① 전쟁 ——— 준비하다    *전쟁을 준비하다*

② 물시계 •    • 만들다    _____

③ 한글 •    • 발명하다    _____

④ 전쟁 •    • 싸우다    _____

2. 빈칸에 알맞은 말을 써 봅시다.

물시계를 발명하셨어요    준비하셨어요    백성을 위해
나라를 위해 거북선을 만드셨어요

① 이순신 장군은 백성을 위해 전쟁을 _____ .

② 세종대왕은 _____ 한글을 만드셨어요.

③ 이순신 장군은 _____ .

④ 세종대왕은 백성을 위해 _____ .

## 3. 〈보기〉와 같이 써 봅시다.

〈보기〉
**부모님이 교통정리를 해 주시다/우리**
➡ 부모님이 우리를 위해 교통정리를 해 주세요.

① 영양사 선생님이 맛있는 점심을 준비해 주시다/학생들

➡ _____

② 엄마가 매일 맛있는 간식을 주시다/나

➡ _____

③ 내가 생일 선물을 준비하다/동생

➡ _____

④ 친구들이 편지를 쓰다/경찰 아저씨

➡ _____

## 4. 빈칸에 알맞은 말을 써 봅시다.

엄마, 매일 저 _____
맛있는 간식을 만들어 주셔서 감사합니다.
맛있게 먹고 _____
_____
　　　　　　　　　아비가일 드림

경찰 아저씨, 매일 _____
교통정리를 해 주셔서 감사합니다. 아저씨
께서 매일 교통정리를 해 주신 덕분에
저희가 _____
_____
　　　　　　　　　지민 드림

## ② 위인전 속 위인들

**1. 알맞은 것을 연결해 봅시다.**

① 마더 테레사 • • 정성껏 환자를 간호하다

② 스티븐 호킹 • • 가난한 사람을 돕다

③ 에디슨 • • 우주를 연구하다

④ 나이팅게일 • • 훌륭한 음악을 작곡하다

⑤ 베토벤 • • 전구를 발명하다

**2. 알맞은 낱말을 골라 써 봅시다.**

| 도와요 | 작곡했어요 | 발명해서 | 연구하고 | 간호해 |
| --- | --- | --- | --- | --- |

① 성우는 별을 보며 생각했어요. '나중에 커서 우주를 _____ 싶어.'

② 라이트 형제가 비행기를 _____ 먼 나라에 여행 갈 수 있게 되었어요.

③ 내가 아플 때 엄마는 언제나 나를 정성껏 _____ 주세요.

④ 아이다는 언제나 도움이 필요한 친구들을 _____.

⑤ 그 가수는 좋은 노래를 많이 _____.

## 3. 〈보기〉와 같이 써 봅시다.

〈보기〉
의사 선생님/아픈 곳이 낫다
➡ 의사 선생님은 아픈 곳이 낫게 했어요.

① 경찰 아저씨/차를 막고 우리가 안전하게 길을 건너다

➡ _____

② 베토벤/우리가 아름다운 음악을 감상하다

➡ _____

③ 세종대왕/우리가 쉽게 글자를 사용하다

➡ _____

④ 마더 테레사/많은 사람들이 굶지 않다

➡ _____

⑤ 이순신 장군/나라를 지켜서 백성들이 안전하게 살다

➡ _____

## 4. 요우타의 독후 감상문을 완성해 봅시다.

오늘은 에디슨에 대한 책을 읽었어요. 에디슨은 미국의 발명가인데, 아주
많은 물건을 발명했어요. 에디슨은 전구를 ① _____.
그래서 우리가 밤에도 ② _____. 그리고 축음기를 발명해서
집에서도 음악을 ③ _____. 또 우리가 영화를 볼 수 있는
것은 에디슨이 영화 촬영기를 발명했기 때문이에요. 에디슨은 이렇게 우리가
편리하고 재미있게 ④ _____.

# ③ 존경하는 인물

## 1. 같은 색깔 단추를 골라 써 봅시다.

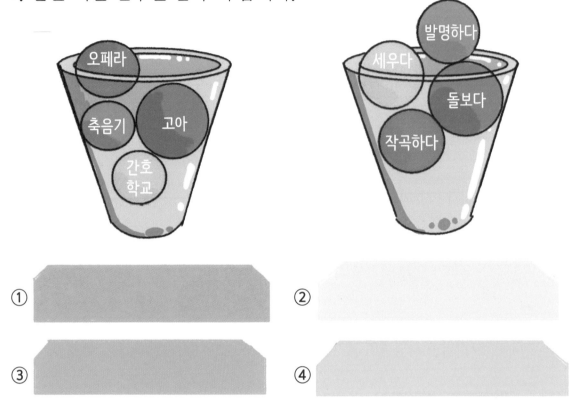

① 

② 

③ 

④ 

## 2. 알맞은 말을 골라 써 봅시다.

축음기를 발명해서 　　　　간호 학교를 세워서
오페라를 작곡해서 　　　　고아를 돌보았어요

① 나이팅게일은 _____ 간호사를 교육했어요.

② 베토벤은 아름다운 _____ 사람들에게 감동을 줬어요.

③ 마더 테레사는 부모를 잃은 _____ .

④ 에디슨이 _____ 사람들이 공연장에 가지 않고도
음악을 들을 수 있게 되었어요.

## 3. 〈보기〉와 같이 써 봅시다.

〈보기〉 스티븐 호킹 박사는 <u>블랙홀의 비밀을 밝혔을 뿐</u> 아니라 우주의 역사를 연구했어요.
(블랙홀의 비밀을 밝히다)

① 스필버그는 ＿＿＿＿＿＿＿＿＿＿＿＿＿＿ 어른을 위한 영화도 만들었어요.
(어린이를 위한 영화를 만들다)

② 슈바이처 박사는 아프리카에서 ＿＿＿＿＿＿＿ 병원도 세웠어요.
(사람들을 치료하다)

③ 유관순은 ＿＿＿＿＿＿＿＿＿＿ 나라를 지키는 일에도 관심을 가졌어요.
(공부를 열심히 하다)

④ 코코 샤넬은 ＿＿＿＿＿＿＿＿＿＿ 끈이 있는 가방도 만들었어요.
(여성용 바지를 디자인하다)

⑤ 케네디 대통령은 ＿＿＿＿＿＿＿＿＿ 훌륭한 정치가였어요.
(뛰어난 연설가이다)

## 4. 빈칸에 알맞은 말을 써 봅시다.

요우타: 리암, 너는 존경하는 사람이 누구야?

리암:　나는 에디슨을 존경해. 에디슨은 ① ＿＿＿＿＿＿＿＿＿＿＿

뿐 아니라 전화기도 발명했어. 정말 대단해. 요우타 너는?

요우타: 나는 베토벤을 존경해. 베토벤은 ② ＿＿＿＿＿＿＿＿＿

＿＿＿＿＿＿＿ 오페라도 만들었어.

리암:　지민이는 나이팅게일을 존경한다고 했지?

지민:　맞아. 나이팅게일은 ③ ＿＿＿＿＿＿＿＿＿＿＿＿＿

＿＿＿＿＿＿＿＿＿＿＿＿＿＿＿＿＿＿＿.

그리고 아비가일은 마더 테레사를 존경한다고 했는데, 마더 테레사는

④ ＿＿＿＿＿＿＿＿＿＿＿＿＿＿＿＿＿＿＿＿

# 4 존경하는 이웃

1. 성격을 나타내는 말을 찾아 색칠하고 써 봅시다.

| 성 | 차 | 최 | 원 | 현 | 연 | 복 |
|---|---|---|---|---|---|---|
| 현 | 실 | 장 | 정 | 이 | 많 | 다 |
| 송 | 해 | 하 | 그 | 랑 | 네 | 세 |
| 윷 | 김 | 인 | 다 | 존 | 만 | 뛰 |
| 놀 | 찬 | 사 | 말 | 국 | 병 | 널 |
| 책 | 임 | 감 | 이 | 강 | 하 | 다 |

① _____

② _____

③ _____

2. 알맞은 말을 골라 써 봅시다.

성실하다          책임감이 강하다          정이 많다

① 어떤 일을 마음을 다해서 열심히 해요.

② 누구를 사랑하거나 친하게 생각하는
   마음이 많아요.

③ 자기가 하는 일을 중요하게 생각하고
   끝까지 열심히 해요.

## 3. 〈보기〉와 같이 써 봅시다.

〈보기〉 아주머니는 비가 오거나 눈이 오거나 상관없이 매일 우유를 배달하세요.
➡️ 아주머니는 비가 오든지 눈이 오든지 매일 우유를 배달하세요.

① 내 동생은 내가 무엇을 하거나 상관없이 다 따라 해요.

➡️ _____

② 아파트에 어떤 차가 들어와도 경비 아저씨를 가장 먼저 만납니다.

➡️ _____

③ 선생님은 누가 무엇을 물어봐도 언제나 친절하게 대답해 주세요.

➡️ _____

④ 경비 아저씨는 어떤 차가 들어와도 다 교통 정리를 해 주세요.

➡️ _____

## 4. 〈보기〉와 같이 써 봅시다.

〈보기〉 성우는 운동을 아주 잘해요. <u>어떤 운동을 하든지</u> 항상 1등을 해요.
(어떤 운동을 하다)

① 리암은 재미있어요. _____ 웃겨요.
(무슨 행동을 하다)

② 지민이는 책임감이 강해요. _____ 꼭 지켜요.
(무슨 약속을 하다)

③ 요우타는 친절해요. _____ 잘 들어줘요.
(누가 어떤 부탁을 하다)

④ 저밍은 성실해요. _____ 항상 숙제를 다 해요.
(무슨 일이 있다)

# 글씨 연습

● 글씨를 바르게 써 봅시다.

| 전 | 구 | 를 |  | 발 | 명 | 하 | 다 |
|---|---|---|---|---|---|---|---|
| 전 | 구 | 를 |  | 발 | 명 | 하 | 다 |
|  |  |  |  |  |  |  |  |

| 책 | 임 | 감 | 이 |  | 강 | 하 | 다 |
|---|---|---|---|---|---|---|---|
| 책 | 임 | 감 | 이 |  | 강 | 하 | 다 |
|  |  |  |  |  |  |  |  |

| | 에 | 디 | 슨 | 은 |  | 축 | 음 | 기 | 를 |
|---|---|---|---|---|---|---|---|---|---|
|  |  |  |  |  |  |  |  |  |  |
| 발 | 명 | 했 | 을 |  | 뿐 |  | 아 | 니 | 라 |
|  |  |  |  |  |  |  |  |  |  |
| 전 | 화 | 기 | 도 |  | 발 | 명 | 했 | 어 | 요. |
|  |  |  |  |  |  |  |  |  |  |

아침에 제일 먼저

만날 수 있는 사람

은 우유 아주머니입

니다. 우유 아주머니

는 비가 오든지 눈

이 오든지 매일 우

유를 배달하십니다.

## ① 내가 좋아하는 것

1. 알맞은 말을 골라 써 봅시다.

<table>
<tr><td>춤을 따라 추다</td><td>자동차 장난감을 가지고 놀다</td><td>인형 옷을 갈아입히다</td></tr>
<tr><td>병원놀이를 하다</td><td>개그 프로그램을 보다</td><td>공룡 그림책을 보다</td></tr>
</table>

① _____

② _____

③ _____

④ _____

⑤ _____

⑥ _____

자동차 장난감을 가지고 놀다, 인형 옷을 갈아입히다, 병원놀이를 하다,

공룡 그림책을 보다, 춤을 따라 추다, 개그 프로그램을 보다  ㄹ -던데  ● 〈의사소통 한국어 4〉 144~145쪽

## 2. 알맞은 말을 써 봅시다.

① 아비가일은 좋아하는 가수의 노래만 나오면  춤을 _____.

② 지민이는  인형 _____ 는 것을 정말 좋아해요.

③ 성우는 공룡을 좋아해서 시간이 있으면 늘 _____.

④ 리암은 오늘도 친구랑  자동차 _____.

⑤ 요우타는 _____ 보면서 깔깔 웃어요.

⑥ 꿈이 수의사인 아이다는 _____ 는 것을 좋아해요.

## 3. 〈보기〉와 같이 써 봅시다.

〈보기〉

가: 리암, 너는 뭘 할 때 제일 즐거워?

나: 난 자동차 장난감을 가지고 놀 때 제일 즐겁던데.

①

가: 요우타, 너는 뭘 할 때 시간 가는 줄 모르겠어?

나: _____.

②

가: 아비가일, 너는 언제 기분이 제일 좋아?

나: _____.

③

가: 아이다, 너는 뭘 할 때 가장 재미있어?

나: _____.

④

가: 성우야, 너는 언제 제일 신이 나?

나: _____.

**4.** 빈칸에 알맞은 말을 써 봅시다.

①

가: 강아지와 놀아 본 사람 있어? 나는 너무 재밌던데.

나: _____.

다 : 나는 강아지가 무섭던데.


②

가: 너희들 자전거 타는 거 좋아해? 나는 정말 신나던데.

나: _____.

다: _____.


③

가: 별 관찰해 본 사람 있어? 정말 신기하던데.

나: _____.

다: _____.

## 1. 같은 색깔의 물방울을 골라 써 봅시다.

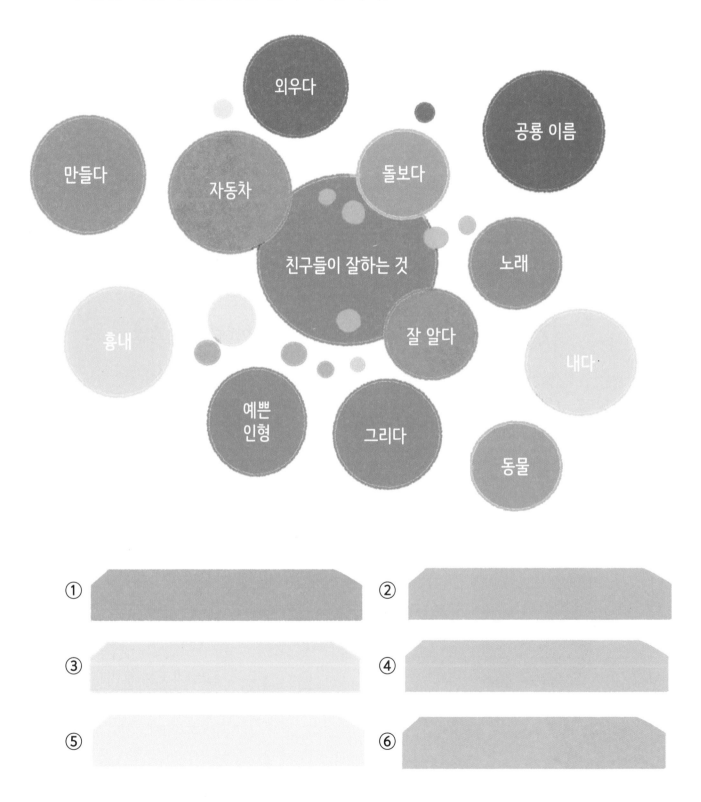

① _____

② _____

③ _____

④ _____

⑤ _____

⑥ _____

**2. 〈보기〉와 같이 써 봅시다.**

〈보기〉　　　너는 피아노를 잘 쳐. ➡ 너는 피아노를 잘 치잖아.

① 아이다, 너는 동물을 잘 돌봐.

➡ _____

② 요우타는 다른 사람 흉내를 잘 내.

➡ _____

③ 성우는 공룡 이름을 잘 외워.

➡ _____

④ 리암, 너는 자동차를 참 잘 알아.

➡ _____

⑤ 지민이는 예쁜 인형을 잘 그려.

➡ _____

**3. 요우타가 받은 편지입니다. 알맞은 말을 써 봅시다.**

요우타, 너 때문에 항상 재미있어. 너는 선생님 흉내를 잘 내잖아. _____

오늘 네 덕분에 많이 웃었어. 너는 매일 재미있는 말을 ① _____

요우타, ② _____ 너 앞으로 개그맨이 되는 게 어때?

너 원래 그렇게 웃겨? 나하고 있을 때는 ③ _____

아까 기분이 안 좋았는데, ④ _____ 그래서 기분이 좋아졌어. 고마워.

## 1. 친구들의 성격을 나타내는 말을 써 봅시다.

유쾌하다          ②          ④

①          ③          ⑤

## 2. 다음 성격에 알맞은 직업을 써 봅시다.

① 유쾌하고 재미있어요.                          개그맨

② 마음이 따뜻하고 동물을 좋아해요.

③ 흥이 많고 어려운 춤을 잘 따라 춰요.

④ 상상력이 풍부하고 예쁜 옷을 잘 그려요.

⑤ 공룡 이름을 잘 외우고 집중력이 강해요.

⑥ 도전 정신이 강해요. 새로운 일을 해 보는 것을
   좋아해요.

## 3. 〈보기〉와 같이 써 봅시다.

〈보기〉 요우타는 <u>개그맨이 되고 싶구나.</u>
<u>성격이 아주 유쾌한가 봐.</u>

① 리암은 _____ .

_____ .

② 지민이는 _____ .

_____ .

③ 아이다는 _____ .

_____ .

④ 아비가일은 _____ .

_____ .

## 4. 빈칸에 알맞은 말을 써 봅시다.

① 가: 요우타, 너는 앞으로 뭐가 되고 싶어?

나: 나는 _____ .

가: 그래? 재미있는 일을 좋아하는구나. 성격이 _____ .

② 가: 리암, 너는 꿈이 뭐야?

나: 나는 _____ .

가: 그래, 너는 자동차를 좋아하잖아. _____ .

## 1. 알맞은 낱말을 써 봅시다.

① 반려동물을 _____ ㅋ ㅇ ㄷ    ② _____ ㄲ ㅁ ㄴ ㄱ ㅇ 좋아하다    ③ 빠른 속도를 _____ ㅈ ㄱ ㄷ

④ 개그 프로를 _____ ㅈ ㄱ ㅂ ㄷ    ⑤ _____ ㅁ ㄷ ㅇ ㅅ ㄴ ㄱ ㅇ 좋아하다

## 2. 〈보기〉와 같이 써 봅시다.

〈보기〉 공룡 그림책을 많이 보아서인지 공룡에 관심이 많아요.
(공룡 그림책을 많이 보다)

① 티라노사우루스는 _____ 사냥을 아주 잘해요.
(턱이 강하다)

② 요우타는 _____ 개그맨이 되고 싶어 해요.
(개그 프로를 즐겨 보다)

③ 아비가일은 _____ 연예인이 되고 싶어 해요.
(무대에 서는 것을 좋아하다)

④ 저는 _____ 요리사가 되고 싶어요.
(먹는 것을 좋아하다)

⑤ 리암은 _____ 카레이서가 되고 싶어 해요.
(빠른 속도를 즐기다)

## 3. 〈보기〉와 같이 써 봅시다.

〈보기〉

가: 요우타, 너는 장래 희망이 뭐야?

나: 나는 개그 프로를 즐겨 보아서인지 개그맨이 되고 싶어.

① 가: 지민아, 너는 커서 뭐가 될 거야?

나: 나는 _____ .

② 가: 아이다, 너는 커서 뭐가 되고 싶어?

나: 나는 _____ .

③ 가: 아비가일, 너는 장래 희망이 뭐야?

나: 나는 _____ .

④ 가: 리암, 너는 앞으로 뭐가 되고 싶어?

나: 나는 _____ .

## 4. 빈칸에 알맞은 말을 써 봅시다.

안녕하세요? 저는 아비가일입니다. 저는 춤추고 노래하는 것을 좋아합니다.

저는 좋아하는 가수의 춤을 ① _____ 때 제일 즐겁습니다. 그리고

노래를 ② _____ 인지 새로운 노래에 관심이 많습니다. 또 흥이

③ _____ 인지 제 꿈은 ④ _____ 입니다. 무대⑤

_____ 인지 ⑥ _____ 이 되면 행복할 것 같습니다.

# 글씨 연습

● 글씨를 바르게 써 봅시다.

| 춤 | 을 |  | 따 | 라 |  | 추 | 다 | . |
|---|---|---|---|---|---|---|---|---|
| 춤 | 을 |  | 따 | 라 |  | 추 | 다 | . |
|   |   |  |   |   |  |   |   |   |

| 공 | 룡 |  | 이 | 름 | 을 |  | 외 | 우 | 다 | . |
|---|---|---|---|---|---|---|---|---|---|---|
| 공 | 룡 |  | 이 | 름 | 을 |  | 외 | 우 | 다 | . |
|   |   |  |   |   |   |  |   |   |   |   |

|  | 요 | 우 | 타 | , | 너 | 는 |  | 친 | 구 |
|---|---|---|---|---|---|---|---|---|---|
|   |   |   |   |   |   |   |  |   |   |
| 들 |  | 흉 | 내 | 를 |  | 아 | 주 |  | 잘 |
|   |  |   |   |   |  |   |   |  |   |
| 내 | 잖 | 아 | . |   |   |   |   |   |   |
|   |   |   |   |   |   |   |   |   |   |

저는 공룡 박사가
되고 싶어요. 어렸을
때부터 공룡 그림책
을 많이 보아서인지
공룡에 관심이 많아
요. 티라노사우루스를
제일 좋아해요.

## Ⅰ. 빈칸에 들어갈 말을 골라 봅시다. [1-5]

**1.** 소나기가 내렸어요. 그래서 _____.

① 산불이 났어요                ② 장마가 졌어요
③ 무지개가 떴어요              ④ 길이 눈으로 덮였어요

**2.** 하미: 친구들과 어디를 가고 싶어?

촘푸: 나는 _____ 로/으로 가서 별자리를 보고 싶어. 너는?

① 동물원          ② 놀이공원          ③ 극장          ④ 천문대

**3.** 요우타: 무슨 일이 있었어?

저밍: 달리기하다가 _____.

① 넘어지고 말았어              ② 길을 잃고 말았어
③ 물을 엎지르고 말았어        ④ 창문을 깨뜨리고 말았어

**4.** 리암은 앞으로 카레이서가 되고 싶구나. _____.

① 유쾌한가 봐                  ② 상상력이 풍부한가 봐
③ 집중력이 강한가 봐          ④ 도전 정신이 강한가 봐

**5.**
> 운동회가 열렸어요. 우리 편은 청군이에요. 큰 소리로 응원했더니
> _____. 목이 아파도 청군이 이겨서 기분이 참 좋았어요.

① 배가 고팠어요                ② 목이 쉬었어요
③ 백군이 이겼어요              ④ 운동회를 마쳤어요

## II. 빈칸에 공통으로 들어갈 말을 골라 봅시다. [6-7]

**6.** (　　　)

> 　추석에는 다양한 (　　　)이/가 있습니다. 먼저 음식과 관련된 (　　　)이/가 있습니다. 추석에는 송편을 빚습니다. 그리고 추석에는 놀이와 관련된 (　　　)이/가 있습니다. 추석에는 사람들이 모여 씨름을 합니다. 추석의 이러한 (　　　)은/는 사람들을 하나로 묶어 줍니다.

① 놀이　　　　　② 인사　　　　　③ 풍습　　　　　④ 잔치

**7.** (　　　)

> 촘푸: 아이다, 너는 누구를 존경해?
> 아이다: 난 물시계를 ＿＿＿＿＿＿＿한 세종대왕을 존경해.
> 촘푸: 나는 에디슨을 존경해. 에디슨은 전구를 ＿＿＿＿＿＿＿했어.

① 발명　　　　　② 작곡　　　　　③ 간호　　　　　④ 준비

## III. 빈칸에 들어갈 말을 골라 봅시다. [8-12]

**8.** (　　　)

> 저밍: 내가 공을 던질게. 너는 공을 피할래?
> 아이다: 그래. 내가 ＿＿＿＿＿＿＿너는 공을 던져.

① 공을 피하듯이　　　　　② 공을 피하느라고
③ 공을 피할 테니까　　　　④ 공을 피하기 위해

**9.** (      )

> 아버지: 만들기 활동을 하는구나. 필요한 것은 없니?
>
> 요우타: 선생님께서 찰흙을 _____.

① 준비하래요                ② 준비하재요

③ 준비하곤 해요          ④ 준비하도록 해요

**10.** (      )

> 지민: 우리 반 모둠에 기록이가 왜 필요해요?
>
> 선생님: 기록한 내용을 _____ 필요해요.

① 발표할까 봐             ② 발표하듯이

③ 발표했더니             ④ 발표하기 위해서

**11.** (      )

> 지민: 어제 무슨 일이 있었어? 왜 전화를 안 받았어?
>
> 저밍: 미안해. 동생이 울어서 _____ 못 받았어.

① 동생을 달랠까 봐       ② 동생을 달랠수록

③ 동생을 달래느라고     ④ 동생을 달래는 덕분에

**12.** (       )

내가 우리 학교에 처음 전학 왔을 때는 좀 당황스러웠어. 나만 피부색이 달라서 친구들이 이상하게 _____ 그랬어. 그런데 지금은 친구들하고 다 잘 지내고 학교생활도 재미있어.

① 생각했더니                 ② 생각할까 봐

③ 생각해서인지              ④ 생각하기는 하지만

## Ⅳ. 다음 글을 읽고 맞는 것을 골라 봅시다. [13]

**13.** (       )

추운 겨울이 오고 있어요. 서울과 대전은 눈 대신에 비가 내린대요. 아직은 춥지 않은가 봐요. 대구와 광주는 흐리대요. 부산과 제주는 해가 떠서 하늘이 맑대요.

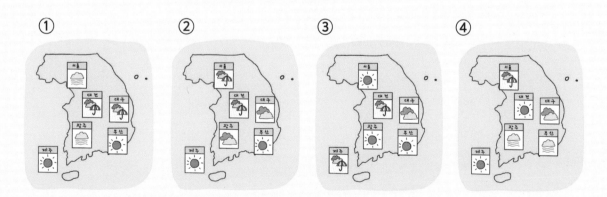

잘 배웠나요?

## V. 다음 글을 읽고 맞지 <u>않는</u> 것을 골라 봅시다. [14-15]

**14.** ( )

> 리암은 오늘 친구들과 집에서 즐겁게 놀았어요. 스케치북 대신에 달력을 찢어서 거기에 그림을 그렸어요. 벽에도 그림을 그렸어요. 또 어항에서 물고기도 꺼냈어요. 그런데 물고기를 꺼내다가 어항을 떨어뜨려서 어항이 깨졌어요. 그때 엄마가 집에 오셨어요. "집 안이 이게 뭐니?" 엄마가 화가 나셨어요. "벽에 낙서를 했어?" 리암은 후회했어요. '스케치북에 그림을 그릴걸.' 엄마가 또 말씀하셨어요. "어항은 왜 깨뜨렸니?" 리암은 다시 후회했어요. '물고기를 꺼내지 말걸.'

① 친구들이 리암 집에 놀러 왔어요.

② 집에 오신 엄마가 화가 나셨어요.

③ 리암과 친구들은 벽에 그림을 그렸어요.

④ 리암과 친구들은 스케치북에 그림을 그렸어요.

**15.** (     )

오늘은 가족 등산을 했다. 나는 일찍 일어나서 씻고 거실로 나갔다. 부모님은 벌써 준비를 마치셨다.

"빈센트, 엄마가 동생을 챙길 테니까 아빠를 도와 드리렴."

나는 아빠를 도와 차에 배낭을 실었다. 차를 타고 목적지인 문수산에 도착했다. 우리 가족은 준비 운동을 하고 등산로를 걸었다. 전망대에 도착해 경치를 봤더니 저 멀리 다리가 보였다. 쉼터를 지나 문수사에 왔다. 동생이 발바닥이 아프다고 했다. 나도 오래 걸었더니 다리가 아팠다. 동생의 배낭을 대신 메고 내려왔다. 엄마는 기특하다며 나를 칭찬해 주셨다.

① 빈센트 가족은 전망대, 쉼터, 문수사에 갔어요.
② 빈센트 부모님은 빈센트보다 일찍 일어나셨어요.
③ 빈센트는 아침에 아빠를 도와 차에 배낭을 실었어요.
④ 빈센트 아버지가 빈센트 동생의 배낭을 대신 메고 내려왔어요.

# 정답

## ● '알고 있나요?' 정답

1. 1월 1일 새해의 첫날
2. ②
3. ①, ④
4. ① 건강해지고 싶
   ② 하루에 한 시간씩 한국어 공부를 할 거예요
5. **예**

   | | |
   |---|---|
   | ○월 ○일 | 날씨: 흐림 |

   제목: 친구하고 같이 숙제를 함

   오늘 학교가 끝난 다음에 친구하고 같이 학교 운동장에서 놀았다.

   그리고 같이 숙제를 했다. 숙제는 재미없지만 친구하고 같이 하니까

   좋았다. 다음에도 친구하고 같이 숙제를 하고 싶다.

6. **예** 친구하고 놀이터에서 놀다가 몸을 다쳤어요. 친구하고 축구를 했는데 넘어졌어요. 그래서 무릎에서 피가 났어요. 피가 나서 무릎에 연고를 바르고 밴드를 붙였어요.
7. **예** 제 취미는 게임을 하는 거예요. 저는 형하고 같이 게임을 하는데 아주 재미있어요. 저는 하루에 한 번 게임을 해요.
8. **예** 저는 가족하고 같이 부산에 간 적이 있어요. 부산에서 맛있는 음식을 많이 먹었어요. 그리고 바다도 보았어요. 부산에 큰 건물이 많았어요. 아주 재미있었어요.
9. **예** 오늘 숙제는 없어요. 저는 친구들하고 그림 그리기 숙제를 한 적이 있어요. 조금 어려웠지만 아주 재미있었어요.
10. **예** 학교에서는 뛰면 안 돼요. 그리고 교실에서는 조용히 해야 하고, 친구들하고 싸우면 안 돼요, 급식실에서는 줄을 서야 하고, 좋아하는 음식만 먹으면 안 돼요.
11. **예** 부모님께서 열심히 공부하라고 하셨어요. 친구들하고 사이좋게 지내라고 하셨어요. 친구들하고 점심을 맛있게 먹으라고 하셨어요.
12. **예** 저는 휴대 전화가 없어요. 그런데 누나는 있어요. 누나는 휴대 전화로 사진을 많이 찍어요. 그리고 친구들에게 문자를 자주 보내요, 휴대 전화를 너무 오래 보면 안돼요.
13. **예** 제 장래 희망은 축구 선수예요. 저는 운동을 좋아하는데 그중에서 축구를 제일 좋아해요. 저는 다섯 살 때부터 축구 선수가 되고 싶었어요. 축구 선수는 힘도 세고 돈도 많이 버니까 축구 선수가 되고 싶어요.

---

### 1단원 우산을 가지고 다니도록 해요

#### 1. 날씨에 따른 모습

1.

| 구 | 름 | 병 | 솔 | 현 |
|---|---|---|---|---|
| 숙 | 먹 | 솜 | 태 | 풍 |
| 소 | 비 | 국 | 어 | 무 |
| 나 | 바 | 장 | 마 | 지 |
| 기 | 람 | 김 | 밥 | 개 |

2. ① 소나기가 내리다
   ② 구름이 끼다
   ③ 태풍이 오다
   ④ 눈이 내리다
   ⑤ 장마가 지다

3.
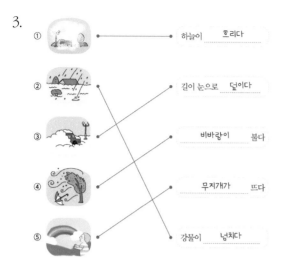

4. ① 구름이 꼈어요. 그래서
   ② 태풍이 왔어요./비바람이 불었어요.
   ③ 소나기가 내렸어요. 그래서 무지개가 떴어요.
   ④ 장마가 졌어요. 그래서 강물이 넘쳤어요.
5. 1) 태풍/비바람
   2) 내일부터 눈이 내린다고 해요. 눈이 내리면
      길이 눈으로 덮일 거예요. 미끄러지지 않게
      조심해야 해요.

## 2. 계절에 따른 날씨와 생활

1. 봄: 졸리다
   여름: 무덥다
   가을: 건조하다
   겨울: 감기에 잘 걸리다
2. 1)

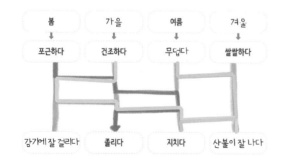

   2) ① 여름 날씨는 무더워요. 무더울수록 지치게
         돼요.
      ② 가을 날씨는 건조해요. 건조할수록 산불이
         잘 나게 돼요
      ③ 겨울 날씨는 쌀쌀해요. 쌀쌀할수록
         감기에 잘 걸리게 돼요.
3. ① 가을/여름/가을/건조하게/건조/산불
   ② 이제 곧 겨울이에요. 가을에서 겨울이 되면
      쌀쌀하게 돼요. 쌀쌀할수록 감기에 잘
      걸리게 돼요.

## 3. 미세 먼지와 건강한 생활

1. ① 창문을 ② 씻다 ③ 마스크를
   ④ 실내에서 지내다
2.

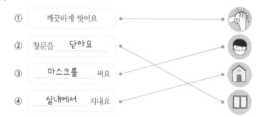

3. ① 실내에서 지내도록
   ② 창문을 닫도록
   ③ 마스크를 쓰도록
4. (가을에는) 날씨가 건조할 수 있어요. 날씨가
   건조하면 산불이 잘 나요. (그래서) 가을에는
   산불을 조심해야 해요.

## 4. 여러 나라의 날씨와 특징

1. ① 사막이 많다/비가 조금만 내린다
   ② 일 년 내내 무덥고 습하다
   ③ 일 년 내내 춥다
   ④ 겨울이 길고 여름이 짧다
2. ① 겨울이 길고 여름이 짧아요.
   ② 사계절이 뚜렷해요.
   ③ 사계절이 뚜렷해요.
   ④ 사막이 많아요.
   ⑤ 밀림이 많아요.
   ⑥ 일 년 내내 무덥고 습해요.
   ⑦ 일 년 내내 추워요.

## 2단원 열심히 달렸더니 다리가 아파요

### 1. 친구와 함께 하는 운동

1.

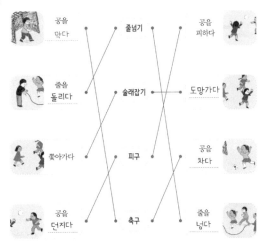

공을 막다 — 줄넘기
줄을 돌리다 — 술래잡기 — 도망가다
쫓아가다 — 피구
공을 던지다 — 축구

공을 피하다
공을 차다
줄을 넘다

2. ① 줄넘기예요/돌리면
   ② 이 운동의 이름은 피구예요. 친구가 공을 던지면 나는 공을 피해야 해요.
   ③ 이 운동은 술래잡기예요. 친구가 도망가면 나는 쫓아가야 해요.

3. ① 너는 공을 피할래
   ② 내가 공을 막을 테니까 너는 공을 찰래
   ③ 내가 쫓아갈 테니까 너는 도망갈래
   ④ 내가 공을 찰 테니까 너는 공을 막을래

4. ① 종이를 풀로 붙일래
   ② 나는 노래를 부를 테니까 너는 피아노를 칠래
   ③ 나는 그림을 그릴 테니까 너는 색을 칠할래
   ④ 나는 붙임 딱지를 뗄 테니까 너는 붙임 딱지를 붙일래

### 2. 운동회에서 겪은 일

1. 1) ① 운동회  ② 큰 공 굴리기  ③ 응원하기
   ④ 이인삼각  ⑤ 이어달리기
   ⑥ 콩 주머니 던지기
   2) ① 콩 주머니  ② 결승점/달리다
   ③ 응원하다  ④ 어깨동무/뛰다

⑤ 공을 굴리다

2. ① 어깨동무를 하고 뛰었더니
   ② 큰 소리로 응원했더니
   ③ 열심히 달렸더니
   ④ 계속 던졌더니

3. ① 불러 주었더니 아기가
   ② 청소를 열심히 했더니 교실이 깨끗해졌어요
   ③ 달리기를 했더니 몸이 튼튼해졌어요
   ④ 말하기 연습을 했더니 한국어 실력이 늘었어요

### 3. 운동 약속

1.

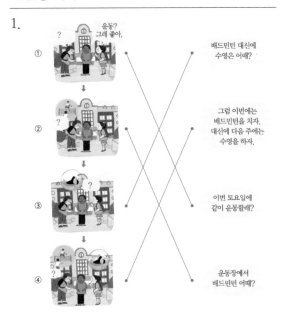

① — 배드민턴 대신에 수영은 어때?
② — 그럼 이번에는 배드민턴을 치자. 대신에 다음 주에는 수영을 하자.
③ — 이번 토요일에 같이 운동할래?
④ — 운동장에서 배드민턴 어때?

2. ① 리암: 학교 끝나고 공원에서 자전거 탈래?
   자르갈: 자전거 대신에 배드민턴은 어때?
   리암: 좋아. 그럼 체육관에서 보자.
   ② 하미: 학교 끝나고 체육관에서 음악 줄넘기 할래?
   지민: 음악 줄넘기 대신에 수영은 어때?
   하미: 좋아. 그럼 스포츠 센터에서 보자.

3. ① 함께 배드민턴 칠 사람?
   시간: 일요일 오전 열 시
   장소: 운동장
   ② 함께 자전거 탈 사람?

시간: 오후 세 시
장소: 공원 입구
아비가일

## 4. 가족과 함께 간 등산

1.

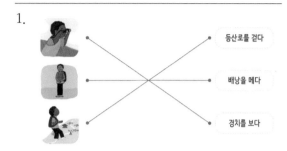

등산로를 걷다

배낭을 메다

경치를 보다

2. 5 → 1 → 3 → 4 → 2

3. ① 저 멀리 다리가 보였다

② 오랫동안 등산로를 걸었더니 다리가 아팠다

③ 등산을 마치고 차에 올라타다

4. ① 잤더니 지각을 했어요

② 친구를 도왔더니 친구가 고맙다고 했어요

③ 밥을 굶었더니 배가 몹시 고팠어요

④ 한국어 연습을 많이 했더니 실력이 늘었어요

## 3단원  한복이 참 예쁘더라

### 1. 설날의 모습

1. 한복/그네/연날리기/차례/널뛰기/윷놀이

2.

| 원 | 리 | 척 | 각 | 차 | 세 |
|---|---|---|---|---|---|
| 윷 | 놀 | 이 | 찬 | 례 | 연 |
| 척 | 널 | 그 | 네 | 수 | 날 |
| 현 | 뛰 | 놀 | 이 | 발 | 리 |
| 도 | 기 | 떡 | 국 | 상 | 기 |
| 한 | 복 | 규 | 날 | 리 | 기 |

3. ① 다리가 아프더라

② 산불이 자주 나더라

③ 재미있더라

④ 연을 날리더라

4. ① 놀이 마을/그네를 타더라

② 정문에서 무엇을 봤어?/사람들이 새해 인사를 하더라.

③ 민속 마을에서 무엇을 봤어?/사람들이 차례를 지내더라.

④ 장터에서 무엇을 봤어?/사람들이 떡국을 먹더라.

### 2. 추석의 풍습

1. ① 차례

② 곡식/거두다

③ 씨름

④ 송편/빚다

2. ① 농사를/곡식에

② 놀이와/풍습이

③ 송편은

④ 씨름은

3. ① 아비가일은 내 친구인데 한국어 공부를 열심히 해요

② 떡볶이는 맛있는데 친구와 함께 먹으면 더 맛있어요

③ 저는 요즘 한국어를 배우는데 공부가 정말 재미있어요

4. 풍습/송편/놀이/씨름은

### 3. 기념일에 하고 싶은 일

1.

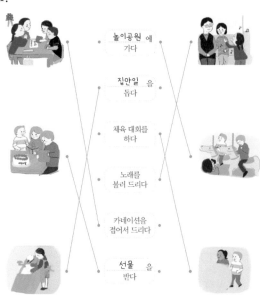

2. ① 이어달리기를 하곤 해요
   ② 산불이 잘 나곤 해요
   ③ 떡국을 먹곤 해요
3. ① (어린이날마다) 선물을 받곤 했어요. 이번
   에는 체육 대회를 하고 싶어요
   ② (어버이날마다) 노래를 불러 드리곤 했어요.
   이번에는 선물을 드리고 싶어요

### 4. 국경일에 찾아간 곳

1. 1) 태극기를 그렸어요/기념행사를 봤어요/
   애국가를 불렀어요
   2) 글자로 이름을 만들었어요/한글을 예쁘게
   꾸몄어요
2. 탔었던/그렸던/찾았던/무더웠던/빚었던
3. ① 한글을 예쁘게 꾸몄던
   ② 애국가를 불렀던
   ③ 태극기를 그렸던
   ④ 글자로 이름을 만들었던

### 4단원  피곤하기는 하지만 행복해요

#### 1. 친구와 함께 하는 활동

1. 글짓기/그리기/만들기/독서하기
2. ① 책을 빌려 읽는대요
   ② 좋아하는 것을 골라서 그린대요
   ③ 찰흙으로 다양한 모양을 빚는대요
   ④ 생각과 느낌을 글로 쓴대요
3. ① 찰흙을 미리 준비하래요.
   ② 물감을 미리 가져오세요.
   ③ 책을 빌려 오세요./책을 빌려 오래요.
4. 만들기/찰흙으로 다양한 모양을 빚는대요/
   여러 재료를 가지고 요리하고 싶어요

#### 2. 현장 체험 학습

1.

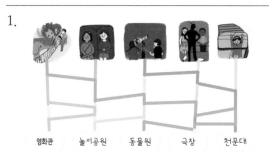

영화관    놀이공원    동물원    극장    천문대

2.

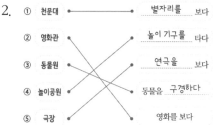

3. ① 동물을 구경하재요
   ② 극장/연극을 보재요
   ③ 놀이공원에서 놀이 기구를 타재요
   ④ 천문대에서 별자리를 보재요
4. 나는 이번 체험 학습으로 놀이공원에 가서
   놀이 기구를 타고 싶어요. 그런데 성우는 극
   장에 가재요. 성우는 극장에서 연극을 보고
   싶어 해요.

### 3. 봉사 활동 제안하기

1. 책을 읽어 드리다/할머니, 할아버지를 초대하다/ 청소를 돕다/어깨를 주물러 드리다
2. ① 어깨를 주물러 드리는
   ② 책을 읽어 드리는 게 어때요
   ③ 청소를 돕는 게 어때요
3. ① 체험 학습으로 동물원에 가는
   ② 도서관에서 책을 정리하는 게 어때
   ③ 우산을 챙겨서 학교에 가는 게 어때
   ④ 운동장에서 축구를 하며 친구와 노는 게 어때
4. ① 청소를 도왔더니 피곤하기는 했지만 기분은 좋았어요
   ② 책을 읽어 드렸더니 목이 아프기는 했지만 보람찼어요
   ③ 어깨를 주물러 드렸더니 팔이 아팠어요. 하지만 뿌듯했어요

### 4. 모둠 역할 정하기

1.

[지킴이] •——————• 준비물을 <u>나누어 주다</u>

[기록이] •——————• 학급 규칙을 <u>알려 주다</u>

[이끔이] •——————• 기록한 내용을 <u>발표하다</u>

[나눔이] •——————• 말하는 <u>순서를 정하다</u>

2. ① 학급 규칙을 알려 주기 위해서 지킴이가 필요해요
   ② 말하는 순서를 정하기 위해서 이끔이가 필요해요
   ③ 준비물을 나누어 주기 위해서 나눔이가 필요해요
3. ① 건강해지기 위해서 매일 운동을 해요
   ② 친구와 놀기 위해서 열심히 숙제를 해요
   ③ 선물을 사기 위해서 용돈을 모아요
4. 백지장도 맞들면 낫다

---

### 1. 처음 만난 친구

1. 당황스럽다/창피하다/부끄럽다/쑥스럽다
2. ① 당황스러웠어요
   ② 부끄러웠어요
   ③ 창피했어요
   ④ 쑥스러웠어요
3. ① 집에 갈 때 길을 잃을까 봐 걱정됐어요.
   ② 내가 실수하는 것을 친구들이 볼까 봐 창피했어요.
   ③ 높은 곳에 올라가면 떨어질까 봐 무서웠어요.
   ④ 친구들이 나를 기억 못할까 봐 인사하기가 쑥스러웠어요.
4. 틀릴까 봐

### 2. 고마운 친구

1. ① 감동했어요     ② 든든했어요
   ③ 놀랐어요     ④ 감격했어요

2.

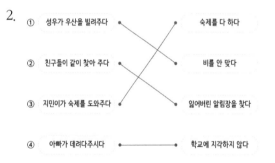

   ② 친구들이 같이 찾아 준 덕분에 잃어버린 알림장을 찾았어요.
   ③ 지민이가 숙제를 도와준 덕분에 숙제를 다 했어요.
   ④ 아빠가 데려다주신 덕분에 학교에 지각하지 않았어요.
3. ① 종일 같이 찾아 준 덕분에 찾았어
   ② 자세하게 약도를 잘 그려 준 덕분에 잘 찾아갔어. 고마워/그랬구나. 잘됐어

4. 나하고 같이 열심히 찾아 준 덕분에/나를 우리 집까지 데려다준 덕분에

### 3. 내가 그렇게 한 이유

1. ① 잃어버린 물건을 찾다
   ② 친구와 수다를 떨다
   ③ 심부름을 하다
   ④ 놀이터에서 놀다
   ⑤ 숙제를 하다
   ⑥ 동생을 달래다
2. ① 잃어버린 물건을 찾느라고 전화를 못 받았어요
   ② 동생을 달래느라고 전화를 못 받았어요
   ③ 숙제를 하느라고 전화를 못 받았어요
   ④ 놀이터에서 노느라고 전화를 못 받았어요
3. ① 요즘 숙제가 많아서 숙제를 하느라고 책을 다 못 읽었어
   ② 이어폰을 끼고 음악을 듣느라고 대답을 못 했어
   ③ 소풍 가서 뭐 할까 생각하느라고 못 잤어요
   ④ 뭘 살지 고민하느라고 아직 생일 선물을 준비 못 했어
4. ① 노느라고
   ② 먹느라고
   ③ 청소하느라고

### 4. 거절하는 방법

1. ① 번갈아  ② 약속을/정하다  ③ 대신해
   ④ 보여 주다  ⑤ 다음으로
2. ① 시범을 보여 주세요  ② 번갈아 하자
   ③ 대신해 줄까  ④ 다음으로 미루면 어때
3. ① 이번에는 내가 보고 싶은 만화를 보면 안 될까
   ② 지나가게 좀 비켜 주면 안 될까
   ③ 가방이 너무 무거운데 좀 들어 주면 안 될까
   ④ 내가 그날 시간이 안 될 것 같은데 약속을 다시 정하면 안 될까
   ⑤ 오늘 간식은 다른 것을 먹어 보면 안 될까
4. ① 오늘은 다른 것을 하면 안 될까?
   ② 이번에도 네가 해./지난번에 내가 했으니 번갈아 하면 안 될까?

---

**6단원  달리기하다가 넘어지고 말았어요**

### 1. 학교에서의 실수

1. ① 넘어지다  ② 물을 엎지르다
   ③ 배턴을 놓치다  ④ 친구와 부딪치다
   ⑤ 헛발질을 하다
2. ① 길을 잃었어요
   ② 창문을 깨뜨렸어요
   ③ 돌부리에 발이 걸렸어요
   ④ 헛발질을 했어요
   ⑤ 친구와 부딪쳤어요
3.

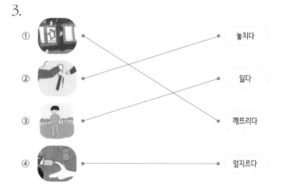

   ② 성우는 배턴을 놓치고 말았어요.
   ③ 성우는 길을 잃고 말았어요.
   ④ 성우는 물을 엎지르고 말았어요.
4. 친구와 부딪쳤어요/친구와 부딪치고 말았어요

## 2. 교실에서의 실수

1.
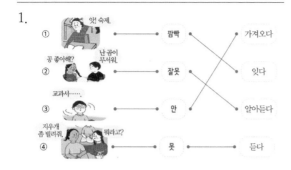

2. ① 실내화를 잃어버렸구나

② 친구의 생일을 깜빡 잊었구나

③ 선생님 말씀을 못 들었구나

④ 준비물을 안 가져왔구나

3. ① 잘못 가져왔구나

② 못 들었구나

③ 잘못 읽었구나

4. ① 잘못 ② 잘못 알아들었구나

③ 깜빡 ④ 안 좋았구나


## 3. 후회하는 일

1.

2. ② 던지지 말걸

③ 건드리지 말걸

④ 조심할걸

3.
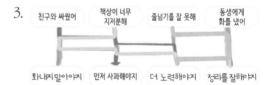

## 4. 친구와 사이좋게 지내기

1. ① 사과하다 ② 화내다 ③ 놀리다

④ 잘 도와주다 ⑤ 양보하다

⑥ 친구 말을 잘 들어주다

2. ① 오늘은 잊지 말고 숙제를 해야지

② 앞으로는 부모님 말씀을 잘 들어야지

③ 다음부터는 아플 때 약을 잘 먹어야지

④ 앞으로는 쓰레기를 길에 버리지 말아야지

⑤ 이제부터는 친구와 사이좋게 지내야지

3.
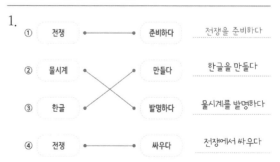

4. 1) 아이다 책을 찢었어요

2) ①

3) 사과해야지


**7단원**    **백성을 위해 한글을 만드셨어요**

## 1. 광화문 광장의 위인들

1.
① 전쟁 ● —— ● 준비하다    전쟁을 준비하다

② 물시계 ●    ● 만들다    한글을 만들다

③ 한글 ●    ● 발명하다    물시계를 발명하다

④ 전쟁 ● —— ● 싸우다    전쟁에서 싸우다

2. ① 준비하셨어요  ② 백성을 위해
   ③ 나라를 위해 거북선을 만드셨어요
   ④ 물시계를 발명하셨어요
3. ① 영양사 선생님이 학생들을 위해 맛있는
      점심을 준비해 주세요.
   ② 엄마가 나를 위해 매일 맛있는 간식을
      주세요.
   ③ 내가 동생을 위해 생일 선물을 준비했어요.
   ④ 친구들이 경찰 아저씨를 위해 편지를 썼어요.
4. 를 위해/열심히 공부할게요.
   아침 저희를 위해/안전하게 길을 건널 수
   있게 됐어요.

## 2. 위인전 속 위인들

1.

2. ① 연구하고  ② 발명해서  ③ 간호해
   ④ 도와요  ⑤ 작곡했어요
3. ① 경찰 아저씨는 차를 막고 우리가 안전하게
      길을 건너게 했어요.
   ② 베토벤은 우리가 아름다운 음악을 감상하게
      했어요.
   ③ 세종대왕은 우리가 쉽게 글자를 사용하게
      했어요.
   ④ 마더 테레사는 많은 사람들이 굶지 않게
      했어요.
   ⑤ 이순신 장군은 나라를 지켜서 백성들이
      안전하게 살게 했어요.
4. ① 발명했어요  ② 생활할 수 있게 됐어요
   ③ 들을 수 있게 됐어요  ④ 살 수 있게 했어요

## 3. 존경하는 인물

1. ① 오페라(를) 작곡하다
   ② 간호 학교(를) 세우다
   ③ 고아(를) 돌보다
   ④ 축음기(를) 발명하다
2. ① 간호 학교를 세워서
   ② 오페라를 작곡해서
   ③ 고아를 돌보았어요
   ④ 축음기를 발명해서
3. ① 어린이를 위한 영화를 만들었을 뿐 아니라
   ② 사람들을 치료했을 뿐 아니라
   ③ 공부를 열심히 했을 뿐 아니라
   ④ 여성용 바지를 디자인했을 뿐 아니라
   ⑤ 뛰어난 연설가일 뿐 아니라
4. ① 축음기를 발명했을
   ② 훌륭한 음악을 작곡했을 뿐 아니라
   ③ 정성껏 환자를 간호했을 뿐 아니라 간호
      학교를 세웠어요
   ④ 가난한 사람을 도왔을 뿐 아니라 고아를
      돌보았어요

## 4. 존경하는 이웃

1.

| 성 | 차 | 최 | 원 | 현 | 연 | 복 |
|---|---|---|---|---|---|---|
| 현 | 실 | 장 | 정 | 이 | 많 | 다 |
| 송 | 해 | 하 | 그 | 랑 | 네 | 세 |
| 웆 | 김 | 인 | 다 | 존 | 만 | 뛰 |
| 놀 | 찬 | 사 | 말 | 국 | 병 | 널 |
| 책 | 임 | 감 | 이 | 강 | 하 | 다 |

① 성실하다
② 정이 많다
③ 책임감이 강하다

2. ① 책임감이 강하다  ② 정이 많다  ③ 성실하다
3. ① 내 동생은 내가 무엇을 하든지 다 따라 해요.
   ② 아파트에 어떤 차가 들어오든지 경비 아저
      씨를 가장 먼저 만납니다.
   ③ 선생님은 누가 무엇을 물어보든지 언제나
      친절하게 대답해 주세요.
   ④ 경비 아저씨는 어떤 차가 들어오든지 다

교통정리를 해 주세요.
  4. ① 무슨 행동을 하든지
     ② 무슨 약속을 하든지
     ③ 누가 어떤 부탁을 하든지
     ④ 무슨 일이 있든지

## 8단원  성격이 아주 유쾌한가 봐

### 1. 내가 좋아하는 것

1. ① 자동차 장난감을 가지고 놀다
   ② 병원놀이를 하다
   ③ 공룡 그림책을 보다
   ④ 춤을 따라 추다
   ⑤ 인형 옷을 갈아입히다
   ⑥ 개그 프로그램을 보다
2. ① 따라 춰요
   ② 옷 갈아입히
   ③ 공룡 그림책을 봐요
   ④ 장난감을 가지고 놀아요
   ⑤ 개그 프로그램을
   ⑥ 병원놀이를 하
3. ① 난 개그 프로그램을 볼 때 시간 가는 줄
     모르겠던데
   ② 난 춤을 따라 출 때 기분이 제일 좋던데
   ③ 난 병원놀이를 할 때 가장 재미있던데
   ④ 난 공룡 그림책을 볼 때 제일 신이 나던데
4. ① 나: 나도 강아지하고 노는 거 정말 좋던데
   ② 나: 나는 자전거를 잘 못 타서 힘들던데
      다: 나도 자전거를 타면 좀 무섭던데
   ③ 나: 나도 정말 신기하던데
      다: 나는 해 본 적이 없어서 궁금하던데

### 2. 내가 잘하는 것

1. ① 공룡 이름(을) 외우다

② 예쁜 인형(을) 그리다
③ 동물(을) 돌보다
④ 노래(를) 만들다
⑤ 흉내(를) 내다
⑥ 자동차(를) 잘 알다
2. ① 아이다, 너는 동물을 잘 돌보잖아.
   ② 요우타는 다른 사람 흉내를 잘 내잖아.
   ③ 성우는 공룡 이름을 잘 외우잖아.
   ④ 리암, 너는 자동차를 참 잘 알잖아.
   ⑤ 지민이는 예쁜 인형을 잘 그리잖아.
3. ① 많이 하잖아. ② 너는 흉내를 잘 내잖아.
   ③ 매일 아무 말도 안 하잖아.
   ④ 네 말을 듣고 많이 웃었어.

### 3. 진로 탐구 대회

1. ① 집중력이 강하다  ② 마음이 따뜻하다
   ③ 흥이 많다  ④ 도전 정신이 강하다
   ⑤ 상상력이 풍부하다
2. ② 수의사  ③ 연예인  ④ 디자이너
   ⑤ 공룡 박사  ⑥ 카레이서
3. ① 카레이서가 되고 싶구나/도전 정신이 강한가 봐
   ② 디자이너가 되고 싶구나/상상력이 풍부한가 봐
   ③ 수의사가 되고 싶구나/마음이 따뜻한가 봐
   ④ 연예인이 되고 싶구나/흥이 많은가 봐
4. ① 개그맨이 되고 싶어/유쾌한가 봐
   ② 카레이서가 되고 싶어/도전 정신이 강한가 봐

### 4. 장래 희망

1. ① 키우다 ② 꾸미는 것을 ③ 즐기다
   ④ 즐겨 보다 ⑤ 무대에 시는 것을
2. ① 턱이 강해서인지
   ② 개그 프로를 즐겨 보아서인지
   ③ 무대에 서는 것을 좋아해서인지
   ④ 먹는 것을 좋아해서인지
   ⑤ 빠른 속도를 즐겨서인지
3. ① 꾸미는 것을 좋아해서인지 디자이너가 되고

싶어

② 반려동물을 키워서인지 수의사가 되고 싶어

③ 무대에 서는 것을 좋아해서인지 연예인이

되고 싶어

④ 빠른 속도를 즐겨서인지 카레이서가 되고

싶어

4. ① 따라 줄  ② 좋아해서  ③ 많아서

④ 연예인  ⑤ 에 서는 것을 좋아해서

⑥ 연예인

메모

메모

기획 · 담당 연구원 ──

**정혜선** 국립국어원 학예연구사
**이승지** 국립국어원 연구원
**박지수** 국립국어원 연구원

집필진 ──

책임 집필
**이병규** 서울교육대학교 국어교육과 교수

공동 집필
**박지순** 연세대학교 글로벌인재학부 교수
**손희연** 서울교육대학교 국어교육과 교수
**안찬원** 서울창도초등학교 교사
**오경숙** 서강대학교 전인교육원 교수
**이효정** 국민대학교 교양대학 교수
**김세현** 서울명신초등학교 교사
**김정은** 서울가원초등학교 교사
**박유현** 연세대학교 언어연구교육원 한국어학당 강사

**박지현** 연세대학교 언어연구교육원 한국어학당 강사
**박혜연** 서울교대부설초등학교 교사
**신윤정** 서울도림초등학교 교사
**신현진** 서울강동초등학교 교사
**이은경** 세종사이버대학교 한국어학과 교수
**이현진** 서울천일초등학교 교사
**조인옥** 연세대학교 언어연구교육원 한국어학당 교수
**강수연** 서울구로중학교 다문화이중언어 교원

초등학생을 위한
# 표준 한국어 익힘책
## 저학년 의사소통 4

ⓒ 국립국어원 기획 | 이병규 외 집필

초판 1쇄 인쇄 | 2020년 1월 28일
초판 3쇄 발행 | 2023년 11월 22일

기획 | 국립국어원
지은이 | 이병규 외
발행인 | 정은영
책임 편집 | 한미경
디자인 | 표지디자인봄, 박현정 본문박현정, 이경진, 정혜미
일러스트 | 우민혜, 민효인, 김채원, 고굼씨
사진 제공 | 셔터스톡

펴낸곳 | 마리북스
출판 등록 | 제2019-000292호
주소 | (04037) 서울시 마포구 양화로 59 화승리버스텔 503호

전화 | 02)336-0729, 0730
팩스 | 070)7610-2870
이메일 | mari@maribooks.com
인쇄 | (주)신우인쇄

ISBN 979-11-89943-22-6 (64710)
      979-11-89943-11-0 (64710) set